Ken Wilber

Vom Tier zu den Göttern

Die große Kette des Seins

Herausgegeben von Edith Zundel

Herder
Freiburg · Basel · Wien

Gedruckt auf umweltfreundlichem,
chlorfrei gebleichtem Papier

Originalausgabe

Gesamtherstellung: Freiburger Graphische Betriebe 1997
Umschlaggestaltung: Joseph Pölzelbauer
Umschlagmotiv: by Scherz Verlag Bern und München
ISBN 3-451-04413-7

Inhalt

Einleitung[1]

Ken Wilber lehrt an keiner Universität, man trifft ihn nicht auf Kongressen, er hält auch keine Workshops oder Seminare. Er ist ein liebenswürdiger Einsiedler, mag Popmusik, kocht exzellent und hat einen lausbübischen Humor. Sein Haus steht am Rande einer Universitätsstadt in den Rocky Mountains, birgt viele Bücher und bietet einen gewaltigen Rundblick. Und diesen Überblick hat er nicht nur äußerlich. Vom Studium her Biochemiker, hat er sich als Autodidakt ein enzyklopädisches Wissen auch im geistes- und religionswissenschaftlichen Bereich angeeignet. Was er zusammenfassend schreibt, hat ihn weit über die USA hinaus bekannt gemacht. Die Amerikaner nennen ihn ‚the brain', Freunde in der Fachwelt finden ihn genial, und die Jungianerin Marie-Louise von Franz sieht in ihm einen ‚modernen Thomas von Aquin', der die Summe des weltlichen und geistlichen Wissens seiner Zeit zieht.

Im Mittelalter war dieses Wissen noch überschaubar; aber ist ein solcher Überblick heute auch nur im entferntesten noch möglich? Wilber selbst meint, man müsse für eine solche Unternehmung schon ein waghalsiger Amerikaner sein. Man muß wohl auch über die intellektuelle Kapazität, das Gedächtnis und die Fähigkeit zur Zusammenschau eines Ken Wilber verfügen. In seinem Denksystem heißt diese Fähigkeit zur Zusammenschau ‚vision-logic' (die Übersetzer machen daraus ‚visionäre Logik' oder ‚Schau-Logik'). Sie wird in unserem postmodernen Zeitalter der Information und Kommunikation immer wichtiger.

[1] Die Hrg. hat Wilber persönlich bei einem Interview in San Franciso (1985) und bei einem längeren Aufenthalt von Treya und Ken Wilber 1988 in Bonn kennengelernt.

Das Wesentlichste ist aber wohl Wilbers sehr ernsthafte, rationales Denken weit übersteigende und mit sehr viel Meditation betriebene Suche nach dem Absoluten, seine Erfahrung damit und seine Verankerung darin.

Sein erstes Buch, ‚Das Spektrum des Bewußtseins' hat Wilber 1972 geschrieben. Er war damals 23. Zur Zeit arbeitet er an einer ‚Kosmostrilogie', deren erster Band 1995 erschien (‚Sex, Ecology, Spirituality'; deutsch 1996 ‚Eros, Kosmos, Logos'). Die Populärfassung heißt: ‚A History of Everything' (1996). Mittlerweile gibt es schon zwei weitere Bände (‚The Eye of Spirit – An Integral Vision for a World Slightly Gone Mad' und ‚The Integration of Science and Religion'). Dazwischen liegen viele Veröffentlichungen, von 1977 bis 1985 erschien jedes Jahr ein Buch von ihm. Dazwischen liegt auch seine Tätigkeit als Chefredakteur von ‚ReVision', einer renommierten Zeitschrift, die er als „Kreuzung zwischen Publikationen zu Denkströmungen der Gegenwart, vergleichender Religionswissenschaft und transpersonaler Psychologie" beschreibt.

Dazwischen liegt auch eine lange Phase des Nicht-schreiben-könnens. Seine Frau Treya entdeckte kurz nach der Hochzeit 1983, daß sie Krebs hatte. Die beiden haben jahrelang gemeinsam gegen diese Krankheit gekämpft. Es war eine sehr schwere Zeit, die auch Ken Wilber physisch und psychisch an seine Grenzen brachte. 1988 absolvierte Treya Wilber in Deutschland eine Therapie, die es in Amerika so nicht gab. Ken Wilber hat sich damals in Bonn ein Paar Schuhsohlen abgelaufen, als Streßbewältigung und auch, weil ihm die Stadt mit ihren menschlichen Maßen und ihren Gründerzeitvillen sehr gefiel. Er hat damals täglich im Münster meditiert. Treya Wilber ist Anfang 1989 gestorben. Wilber hat die Geschichte dieser Jahre in einem sehr persönlichen, anrührenden Buch, ‚Mut und Gnade', festgehalten. Dieses Buch hat ihn und seine Sache auch Menschen nahegebracht, die seine anderen Bücher nicht so ohne weiteres lesen würden. Es ist als Einführung zu empfehlen.

Von einem Leben als Schriftsteller, Psychologe, Philosoph und Mystiker wurde Wilber nicht an der Wiege gesungen. Sein Vater war Offizier der amerikanischen Luftwaffe und wurde viel versetzt. „Ich bin ohne Heimat, ohne Wurzeln aufgewachsen", sagt er, und „wenn es mir schlecht geht, denke ich, es liegt daran." Er hat bei den vielen Umzügen aber auch gelernt, sich auf immer neue Menschen und Situationen einzustellen, für sie offen zu sein, zu vertrauen und „wenn es mir gut geht, denke ich auch, es liegt daran".

Beide Eltern waren sehr intelligent, Baptistin die Mutter, der Vater ohne kirchliche Bindung. „Er hat Boden unter den Füßen und ist, was man einen anständigen Mann nennt." Der Erziehungsstil war liberal: „Sie haben mir alle Freiheit gelassen, haben mir nie Vorschriften gemacht, was ich zu denken hätte."

Von sich selbst berichtet er: „Ich war ein Lausbub, und auch später habe ich genug Bier getrunken und war in ausreichend viele Frauen vernarrt, um ganz normal und gesund zu sein." Mit zehn Jahren entdeckte er ein Chemiebuch. Danach erlebte er seine glücklichsten Augenblicke in den Laboratorien, die er in den verschiedenen Wohnungen seiner Eltern einrichtete. Ansonsten tobte er sich in der Turnhalle und auf dem Sportplatz aus, war Kapitän der Football-Mannschaft seiner Schule und bekam ständig irgendwelche Preise – das Urbild eines jungen Amerikaners, dem die Welt offensteht. Es war eine naturwissenschaftliche Welt und sein damaliges Innenleben „ein Idyll der Präzision und Akkuratesse, eine Festung des Klaren und Selbstverständlichen" – bis ihm auf dem College Laotses Tao Te King in die Hände fiel:

> *„Tao, kann es ausgesprochen werden,*
> *ist nicht das ewige Tao.*
> *Der Name, kann er genannt werden,*
> *ist nicht der ewige Name.*
> *Das Namenlose ist des Himmels und der*
> *Erde Urgrund.*
> *Das Namen Habende ist aller Wesen Mutter."*

Das war eine völlig neue, ganz und gar andere Welt. Sie ließ ihn nicht mehr los. In den folgenden Monaten las er Einführungen in Buddhismus und Taoismus, und was er bisher als Sinn und Inhalt seines Lebens begriffen hatte, wurde blaß. Er schildert das so, als ob etwas längst Bekanntes wieder in sein Bewußtsein getreten wäre: „Der alte Weise (Laotse) hatte eine Saite ganz tief in mir berührt. Ich wachte plötzlich auf, und es wurde mir klar, daß mein altes Leben, meine alten Überzeugungen mir nichts mehr bedeuteten."

Natürlich war das gegenüber Freunden, Kollegen und vor allem gegenüber seiner Familie schwierig. „Sie hielten Krishnamurti für einen Kommunisten und Bodhidharma für einen gottlosen Atheisten." Die Eltern hätten ihn gern als Arzt gesehen – insgeheim vielleicht heute noch. Er aber las wie besessen Philosophisches aus Ost und West, Psychologisches, Theologisches und vor allem Mystisches und schwänzte Vorlesungen, um sich in die Bhagavad Gita und die Kabbala zu vertiefen. Für das Studium von Biochemie und Biophysik entschied er sich vor allem, weil ihm das so leicht fiel, daß es ihn kaum Zeit und Mühe kostete. Er schloß auch wirklich das College mit so guten Noten in diesen Fächern ab, daß man ihm ein Stipendium für die Graduate School gab. Aber dort begann wieder das gleiche Spiel. „Es war wie eine Gralsuche", schreibt er über diese Jahre. Im persönlichen Gespräch benutzt er keine großen Worte. „Ich bin eigentlich sehr faul, es ist nur – I fell in love with ideas." Das Denken und die Erfahrung der großen Philosophen und Mystiker ist für Wilber alles andere als ‚graue Theorie'. Die Deutschen haben es ihm dabei besonders angetan; von Meister Eckehart über Kant, Schelling, Hegel bis Habermas hat er gelesen, was lesenswert ist. Und er bekennt heute, „wenn ich schreibe, denke ich eigentlich an europäische Leser, speziell an deutsche".

Die Liebe zu den Idealen war allerdings keineswegs problemlos. Überall gab es Anweisungen zum richtigen Leben; „aber die verschiedenen Autoren hatten recht unterschiedliche Vorstellungen davon, was zu meinem Seelenheil nötig wäre. Wenn die Freudianer recht haben, und Ichstärke die Grundlage psychischer Gesundheit ist, wie können dann die Buddhisten recht haben mit ihrer Forderung, das Ich aufzugeben? Wenn die Behavioristen recht haben, daß frühere Konditionierung der Schlüssel zu allen Problemen ist, wie kann dann Perls behaupten, nur das Hier und Jetzt sei wichtig?" Und die Widersprüche gab es nicht nur bei den Ideen. Wilber meditierte täglich im Za-Zen-Stil und machte gleichzeitig Gestalttherapie, deren Vater, Perls, er für einen ‚brillianten Pop-Freudianer' hält. Er hat viel von ihm gelernt, aber „Freud und Buddha haben wahrhaftig wenig gemein". Es wurde zur Existenzfrage für ihn, Sinn und Zusammenhang zu finden.

Um aus der Misere herauszukommen, mußte er das Gelesene und Erfahrene erst einmal ordnen. Er entwickelte eine Landkarte des Bewußtseins mit der zunächst groben Unterteilung in den personalen und den transpersonalen Bereich. Dabei fand er die Regel: „Man kann möglicherweise als wahr annehmen, was eine Persönlichkeitstheorie über die persönliche Sphäre und was eine transpersonale Theorie über die transpersonale Sphäre aussagt. Aber bei Grenzüberschreitungen ist Vorsicht geboten. Freuds „Hysterie angesichts des Religiösen" etwa findet er ebenso unsinnig wie die pauschale Ablehnung Freuds durch die transpersonalen Autoren, die „damit die unangenehmen aber ganz wesentlichen Dinge ignorieren, die das Genie Freud über seinen Bereich zu sagen hat und statt dessen die Menschen als eine Mischung aus Süße und Licht begreifen – umgekehrt genau so einseitig wie Freud".

Die Verbindung zwischen Personalem und Transpersonalem fand er dann beim Nachdenken über die Angst. „Die Hölle, das sind die anderen", findet der Existentialist Jean Paul Sartre. Auf der personalen Ebene gehört Angst notwendigerweise zum Menschen, sobald er sich seiner Individualität und damit seines Abgesondertseins von anderen bewußt wird. Ganz ähnlich heißt es auch in den Upanishaden: „Wo es ein anderes gibt, da ist Furcht." Aber hier, wie in der Mystik überhaupt, gibt es eine höhere Realität jenseits des Gegensatzes von Selbst und Anderem, eine Realität, die entweder als Vereinigung der Gegensätze oder jenseits aller Gegensätze erlebt wird. Wer diese All-Einheit für sich entdecken kann, befreit sich damit aus seiner Isolation und Entfremdung und wird frei von Angst. Das System der Mystiker umfaßt das der Existentialisten und bringt eine Lösung auf höherer Ebene.

Als er so weit war, schrieb Wilber, ein seltsamer Heiliger, zwischen den Zuckerrübenfeldern und Rinderfarmen Nebraskas völlig auf sich selbst gestellt, in drei Monaten sein erstes Buch: ‚Das Spektrum des Bewußtseins'. Es ist mit der ganzen Frische und Überzeugungskraft der Jugend geschrieben und alles andere als ein schüchterner Erstling.

Geschrieben hat Wilber dieses Buch schnell, aber es dauerte Jahre, bis er einen Verleger dafür fand; den einen war es zu wissenschaftlich, den anderen zu mystisch, und Wilber war ja völlig unbekannt. Als es schließlich erschien, wurde es (und auch seine von Wilber selbst geschriebene Populärfassung ‚No Boundaries', deutsch ‚Wege zum Selbst') schnell zu einem sehr wichtigen Buch. Die Studentenbewegung mit ihrem Hinterfragen und ihrer Ablehnung der Normen der Gesellschaft, in die sie hineinwachsen sollte, hatte die junge Generation auf die Suche nach neuen Wegen und Lebensformen geführt. Krishnamurti, Watts, Daisetz und Shunryu Suzuki und viele andere hatten östliche Weisheitslehren nach Amerika gebracht. Sie wurden oft recht oberflächlich rezipiert und weitergegeben. Es waren die wilden Jahre des ‚New Age', ‚high' sein war ‚in'. Und hier kam nun einer, der die Dinge sehr ernsthaft studierte, strukturierte und auf den Begriff brachte, der nicht nur für sich, sondern für seine ganze Generation und darüber hinaus für alle, die an dem neuen Denken Anteil nahmen, Ordnung schaffte.

Daß Wilber die lange Durststrecke bis zur Veröffentlichung seines Buches durchhielt, und auch das Geheimnis seiner großen Produktivität danach, hängt nicht zuletzt mit seinem damaligen Lebensstil zusammen. Er verzichtete auf eine Universitätskarriere, die ihm offenstand. Statt dessen hielt er sich als guter Zen-Schüler an die Regel, im Gleichgewicht zwischen Körper, Geist und Spirituellem, genauer, zwischen körperlicher Arbeit, Studien und Meditation zu leben. Er meditierte täglich mehrere Stunden und nahm oft an Sesshins, Wochen besonders strenger Übung, teil. Was er über die verschiedenen Bewußtseinsstufen schreibt, ist keineswegs nur Theorie für ihn. Seinen Unterhalt verdiente er mit Halbtagsjobs. Wie der sprichwörtliche amerikanische Millionärsanwärter hat er jahrelang Teller gewaschen, Rasen gemäht, sich in einer Tankstelle und in einem Obst- und Gemüsegeschäft betätigt. Ein Schlaraffenleben war das gewiß nicht, aber: „Ich habe gelernt, was mir keine Universität hätte beibringen können: Demut – vergiß Titel, Bücher, Artikel, spüle Geschirr – und den Realitätssinn dessen, der sich unmittelbar und konkret mit der Welt beschäftigt."

Wilbers Weise zu schreiben hat seine verstorbene Frau einmal so beschrieben: „Er liest mal hier etwas, mal da etwas, redet mit dem und jenem, zwischendurch sitzt er gedankenverloren herum – man hat eigentlich nicht das Gefühl, daß er etwas Systematisches macht. Und dann kommt ein Tag, da sagt sein ganzes Wesen ‚Buch'. Dann holt er sich morgens um fünf ein Glas Milch aus dem Kühlschrank, setzt sich hin und schreibt und schreibt, kaum daß er zwischendurch eine Kleinigkeit ißt oder trinkt, bis abends um zehn. Das geht so Wochen und Monate, bis die Rohform des Buches da ist. Dann braucht er nur noch zu feilen und zu polieren." Es scheint wie ein Rausch, fast eine Art Vulkanausbruch zu sein.

Von seinem ersten Buch ‚Das Spektrum des Bewußtseins' sagt Wilber: „Es sind ein paar Denkfehler darin, aber es ist der Keim von allem, was ich später geschrieben habe." Man könnte auch sagen, es war sein erster Hausbau, und danach brauchte er immer größere neue Häuser, um neues Wissen, neue Gedanken unterzubringen. Dabei blieb er im Prinzip den alten Grundgedanken, wenn man so will, dem alten Grundriß, treu: Der Mensch ist ‚auf dem Weg vom Tier zu den Göttern' (Plotin). Und es gibt eine Stufenfolge immer klarer werdenden Bewußtseins: ‚Gott (das Bewußtsein) schläft im Stein, atmet in der Pflanze, träumt im Tier und erwacht im Menschen' – die ‚Große Kette des Seins' der mystischen Traditionen in aller Welt. Sinn und Ziel der Entwicklung ist die Einheit mit dem höchsten Bewußtsein. Wilber belegt die Existenz dieser Grundgedanken auf so vielen Gebieten, variiert und erweitert sie in so vielfältiger Weise, benutzt auch immer wieder Bausteine aus den alten „Häusern", die er neu formt, daß er manche Leser damit etwas verwirrt, obwohl sein Denken immer sehr klar und meist auch bildkräftig bleibt.

Man kann Wilbers Werk in mindestens zwei unterschiedliche Epochen einteilen. Die Zäsur bildet die lange Zwangspause während der Krankheit seiner Frau. Danach sagt er: „Mein Schreiben ist erwachsener geworden." Sicher hat es an Differenzierung und Reichweite noch einmal erheblich zugenommen und Wilber endgültig zu einem sehr ernst zu nehmenden Philosophen gemacht, für den die ‚Esoterik-Ecke' endgültig zu eng ist. Er selbst hat sich über eine Rezension sehr gefreut, die ihn in eine Linie mit Plotin und Schelling stellt.

Es ist nicht einfach, Wilbers Schaffen, das immer schon eine Zusammenschau großer Gebiete ist, in Originalbeiträgen auf dem knappen Raum eines Taschenbuches darzustellen. Er schreibt mehr Bücher als Artikel, und was er in Kurzform darstellt, ist oft sehr abstrakt. Und vor allem, Wilber ist Denker und fordert ein gewisses Maß an Mitdenken. Um dies nicht schwer zu machen, sind die hier abgedruckten Originalia mit Einverständnis des Autors fast alle in der Weise gekürzt, daß auf Nebengedanken und meist auch auf Autorenhinweise verzichtet wird, um die Grundgedanken klar hervortreten zu lassen. Hoffentlich wird die Lektüre und das Mitdenken damit zur Freude und regt an, sich mit dem Originalwerk zu beschäftigen.

Noch ein paar Anmerkungen zu den Übersetzungen. Die erwähnte ‚Große Kette des Seins' der mystischen Überlieferungen kann man in unterschiedlich viele Glieder unterteilen, und Wilber tut das auch. In den Büchern der ersten zehn Jahre seines Schreibens ist die Minimalfassung ‚matter, body, mind, soul, spirit', in den neueren Büchern geht es im Wesentlichen nur noch um die drei Bereiche Materie, Lebendiges und Geistiges, also um die materielle Sphäre, die Biosphäre und die Noosphäre. Hier gibt es keine Übersetzungsschwierigkeiten. Anders bei ‚mind' und ‚spirit'. Beides heißt auf deutsch Geist, ‚mind' mehr im Sinne von Verstand, Vernunft, ‚spirit' im Sinne von Geistigem als Numinosem, Religiösem, Spirituellem. Manche Übersetzer helfen sich damit, daß sie das erste mit Geist und das zweite mit GEIST bezeichnen, andere reden vom ‚niederen' und ‚höheren' Geist. Auch ‚soul' hat in diesem Zusammenhang eine etwas speziellere Bedeutung als ‚Seele'; ‚psychic', wörtlich ‚psychisch' oder ‚seelisch' bezieht sich im Englischen eher auf Parapsychologisches, also Hellsehen, Telekinese usw. Was wir im Deutschen ‚psychisch' nennen, wird im Englischen eher als ‚mental' bezeichnet. In ähnlicher Weise ist ‚soul' schon etwas, was über den normalen seelischen Bereich in den transpersonalen hineinreicht.

Das Spektrum des Bewußtseins

Der moderne Mensch trifft auf der Suche nach Orientierung und Sinn auf eine verwirrende Vielfalt von psychotherapeutischen Methoden und spirituellen Wegen, hinter denen jeweils recht unterschiedliche und oft widersprüchliche Welt- und Menschenbilder stehen. Der junge Wilber löste für sich – und andere – das Problem mit einer Entdeckung: Die verschiedenen Methoden wenden sich an verschiedene Ebenen der Person, die man sich vorstellen kann wie verschiedene Radiofrequenzen oder wie das Spektrum der Regenbogenfarben, in die sich das weiße Licht auffächert, wenn es durch ein Prisma scheint. Wilber nennt dies das ‚Spektrum des Bewußtseins'. So heißt auch sein erstes Buch. Zu der hier folgenden Darstellung benutzen wir die Populärfassung dieses Buches, die Wilber selbst geschrieben hat. ‚No Boundaries', in der deutschen Ausgabe ‚Wege zum Selbst'.

Das Buch beginnt mit der Quelle, dem Ziel und dem Grund aller Existenz, der All-Einheit des Bewußtseins, so wie die Mystiker sie erleben. Wilber hält sich bei der Darstellung neben eigenen Meditationserlebnissen an die Erfahrungen der Heiligen und Weisen aus verschiedenen Kulturen der Welt (Meister Eckehart, Sri Ramana Maharshi, Huan Po und viele andere). Ihr religiöses Erleben weist überraschende Gemeinsamkeiten auf, unabhängig davon, ob sie Christen oder Moslems, Buddhisten, Hindus oder Taoisten sind. Es ist, als ob sie alle aus demselben Strom schöpften. Leibniz nannte diesen Strom die philosophia perennis, die Ewige Philosophie, Schiller die Religion hinter den Religionen. Die All-Einheit ist der zentrale Begriff dieser Philosophie. Das Folgende enthält eine kurze Einführung in ihr Wesen. Von den verschiedenen Kapiteln des

Originals dazu wurde als Beispiel ‚Der Augenblick ohne Grenzen' ausgewählt.

Wem dies zunächst etwas fremd und schwierig erscheint, der kann ohne weiteres mit dem dritten Teil dieses Kapitels, den Ebenen des Bewußtseins, beginnen. Dort wird ausführlich und praxisnah der menschliche Weg zur All-Einheit durch diese Ebenen behandelt. Wilber orientiert sich dabei neben der eigenen Erfahrung im meditativen und therapeutischen Bereich vor allem an der Analytischen Psychologie C. G. Jungs, der humanistischen Psychologie Maslows, Rogers', Mays und Perls', der Körpertherapie Lowens, der transpersonalen Psychologie Grofs, Dürckheims und Assagliolis und vor allem an den Mystikern der Ewigen Philosophie.

1. Die All-Einheit und die Ewige Philosophie

William James, der bedeutendste amerikanische Psychologe, hat immer wieder betont, daß „unser normales Wachbewußtsein nur eine besondere Art von Bewußtsein ist, während überall ringsum, von ihm nur durch feinste Schleier getrennt, potentielle Formen des Bewußtseins liegen, die ganz anders sind".

Es ist, als sei unser alltägliches Gewahrsein nur eine unbedeutende Insel, umgeben von einem weiten Meer unvermuteten und unerforschten Bewußtseins, dessen Wellen ständig an die schützenden Klippen unseres Normalbewußtseins schlagen, bis sie vielleicht einmal ganz unversehens durchbrechen und unsere Bewußtseinsinsel mit der Erkenntnis eines riesigen, weitgehend unerforschten, aber ungemein realen Bereichs einer neuen Bewußtseinswelt überschwemmen.

„Eine Art Wach-Trance hatte ich häufig, wenn ich allein war, und zwar von Kindheit an. Sie überkam mich meist, wenn ich mir zwei- oder dreimal still meinen eigenen Namen sagte: Plötzlich dann, wie aus der Intensität dieses

Individualitätsbewußtseins heraus, schien diese Individualität sich aufzulösen und in grenzenlosem Sein aufzugehen. Und das war kein Zustand der Verwirrung, sondern der denkbar klarste, gewisseste und absonderlichste Zustand, gänzlich jenseits der Worte, wo der Tod fast lachhaft unmöglich war und der Persönlichkeitsverlust (wenn es das denn war) nicht wie Auslöschung erschien, sondern als das einzige wahre Leben." (Tennyson).

Das Faszinierende an solchen Erlebnissen ist, daß der einzelne Mensch über jeden Schatten eines Zweifels hinaus das Gefühl bekommt, daß er im Grunde eins ist mit dem ganzen Universum, mit allen Welten, seien sie hoch oder niedrig, heilig oder profan. Sein Identitätsgefühl erstreckt sich weit über die engen Grenzen seines Leibes und seiner Seele hinaus und umfaßt das ganze Weltall. Aus diesem Grunde bezeichnete R. M. Bucke diesen Zustand des Gewahrseins als ‚kosmisches Bewußtsein'. Der Moslem nennt ihn die ‚Höchste Identität', die höchste deshalb, weil sie eine Identität mit dem All ist. Wir werden sie gewöhnlich ‚Bewußtsein der All Einheit' nennen – eine liebevolle Umarmung des Universums insgesamt.

Dieses Erleben ist so weit verbreitet, daß es sich zusammen mit den Lehren, die es erklären wollen, die Bezeichnung ‚Philosophia perennis' verdient hat. Es gibt viele Beweise dafür, daß diese Art der Erfahrung oder Erkenntnis im Zentrum jeder großen Religion steht – im Hinduismus, Buddhismus, Taoismus, im Christentum, im Islam, im Judentum –, so daß wir zu Recht von der ‚transzendierenden Einheit der Religionen' und der ‚Einmütigkeit der ursprünglichen Wahrheit' sprechen können.

2. Der Augenblick ohne Grenzen – die Ewigkeit

„Wer", fragt der heilige Augustinus, „wird das Herz des Menschen halten, so daß es stillstehen kann und sehen, wie die Ewigkeit, die immer stillsteht, weder vergangen noch zukünftig ist, die vergangenen und zukünftigen Zeiten hervorbringt?" Ja, wer? Denn das zu begreifen, was ewig ist – wenn denn tatsächlich ein Solches existiert –, erscheint so gewichtig, folgenschwer und beinah unmöglich als Aufgabe, daß wir davor zurückschrecken.

Aber der Mystiker behauptet, die Ewigkeit sei keine philosophische Ansicht, kein religiöses Dogma und auch kein unerreichbares Ideal. Die Ewigkeit ist vielmehr so einfach, so offensichtlich, daß wir nur die Augen aufzumachen und zu *schauen* brauchen. „Sie ist unmittelbar vor dir!" sagt Zenmeister Huang Po.

Wir stellen uns gewöhnlich die Ewigkeit als eine sehr, sehr lange Zeit vor, eine endlose Strecke von Jahren, eine Million mal eine Million – immer weiter. Aber für Mystiker ist Ewigkeit kein Gewahrsein *ewigdauernder Zeit,* sondern ein Gewahrsein, das selbst *total ohne Zeit* ist. Der ewige Augenblick ist ein zeitloser Augenblick, ein Moment, der weder Vergangenheit noch Zukunft, weder vorher noch nachher, weder gestern noch morgen, weder Geburt noch Tod kennt. Im Bewußtsein der All-Einheit zu leben, bedeutet, im zeitlosen Augenblick und wie dieser zu leben, denn nichts verfinstert das göttliche Licht gründlicher als der Makel der Zeit. Meister Eckehart sagt das so: „Die Zeit ist das, was das Licht hindert, zu uns zu dringen. Es gibt kein größeres Hindernis für Gott [Bewußtsein der All-Einheit] als die Zeit."

In einen Sonnenuntergang versunken; gebannt vom Spiel des Mondlichts auf einem unergründlichen dunkelkristallenen Teich; in der verzückten Umarmung mit einem geliebten Menschen aus Selbst und Zeit herausgetreten; gefangen und gefesselt vom Donnerschlag, der durch Regenschleier sein Echo zurückwirft – die Zeit wirkt bei all diesen Erlebnissen wie aufgehoben, weil wir vom *gegenwärtigen Moment* völlig absorbiert werden. In diesem gegenwärtigen Augenblick gibt es natürlich keine Zeit. Der gegenwärtige Moment ist ein zeitloser Moment, und ein zeitloser Moment ist ein ewiger – ein Moment, der weder Vergangenheit noch Zukunft kennt, kein davor oder danach, kein gestern oder morgen. In diesen gegenwärtigen Moment tief eintauchen heißt, sich in die Ewigkeit stürzen.

Der Zenmeister Seppo sagt: „Wenn du wissen willst, was Ewigkeit bedeutet – sie ist nichts weiter als eben dieser Moment. Wenn du sie nicht in diesem gegenwärtigen Moment erfassen kannst, wirst du sie nie erhaschen, sooft du auch in Hunderttausenden von Jahren wiedergeboren werden magst."

Daher sagt Wittgenstein, „gehört das ewige Leben jenen, die in der Gegenwart leben" und der christliche Weise de Caussade: „Oh, all Ihr, die Ihr dürstet! Wisset, daß Ihr nicht weit zu suchen habt nach der Quelle des lebenden Wassers; es entspringt in Eurer Nähe in eben diesem Augenblick. Der gegenwärtige Augenblick ist die Manifestation des Namens Gottes und der Ankunft seines Reiches." Daher sagt der moslemische Mystiker Rumi: „Der Sufi ist ein Sohn des Augenblicks." Ewigkeit ist nicht morgen zu finden – sie kann nicht in fünf Minuten gefunden werden, nicht in zwei Sekunden. Sie ist immer schon jetzt. Die Gegenwart ist die einzige Realität. Eine andere gibt es nicht. Und dennoch scheint es, als lebten nur wenige von uns allein und völlig im Jetzt. Wir verweilen im Gestern und träumen vom Morgen und fesseln uns so mit den quälenden Ketten der Zeit und den Gespenstern von etwas, das nicht wirklich gegenwärtig ist. Wir verausgaben unsere Kräfte in Phantasienebeln von Erinnerungen und Erwartungen und berauben so die lebendige Gegenwart ihrer grundlegenden Realität und reduzieren sie auf eine „Scheingegenwart", eine dürftige Gegenwart, die bloß eine oder zwei Sekunden dauert, auf einen blassen Schatten der ewigen Gegenwart. Unfähig, in der zeitlosen Gegenwart zu leben und im Entzücken der Ewigkeit zu baden, suchen wir als blutarmen Ersatz die bloßen Versprechen der Zeit, immer in der Hoffnung, die Zukunft werde bringen, was der dürftigen Gegenwart so jämmerlich fehlt.

Sie werden es vielleicht nie so angesehen haben, aber ein

Augenblick der Überlegung offenbart, wie offensichtlich dies ist: All unsere Probleme betreffen die Zeit – unsere Sorgen bewegen sich immer um Vergangenheit oder Zukunft. Wir beklagen viele unserer früheren Handlungen und fürchten ihre zukünftigen Folgen. Unsere Schuldgefühle sind untrennbar mit der Vergangenheit verbunden und bringen Qualen der Depression, der Bitterkeit und Bedauern mit sich. Jedoch ein solches Tier wie ein gegenwärtiges Problem existiert nicht – und wenn es so scheint, wird eine nähere Nachprüfung unweigerlich aufdecken, daß es in Wirklichkeit mit irgendeiner früheren Schuld oder einer die Zukunft betreffenden Angst verbunden ist. Denn alle Schuldgefühle sind ein Zustand des Verlorenseins in der Vergangenheit; jede Angst ist ein Zustand des Verlorenseins in der Zukunft. Wir erwachen daraus erst, wenn wir der Gegenwart gegenwärtig werden: „Diese Rosen unter meinem Fenster spielen nicht auf frühere Rosen oder bessere Rosen an; sie sind, was sie sind; sie existieren bei Gott heute. Sie kennen keine Zeit. Da ist einfach die Rose; sie ist in jedem Augenblick ihres Daseins vollkommen. Aber der Mensch schiebt auf oder erinnert sich; er lebt nicht in der Gegenwart, sondern beklagt mit nach rückwärts gerichtetem Blick die Vergangenheit oder stellt sich, ungeachtet des Reichtums, der ihn umgibt, auf die Zehenspitzen, um die Zukunft vorherzusehen. Er kann nicht glücklich und stark sein, bis er auch mit der Natur in der Gegenwart lebt – über der Zeit" (Emerson).

Unsere Zeit-Knechtschaft und all ihre Probleme sind eine große Täuschung. Es gibt keine Zeit außer dem Jetzt, und das einzige, was Sie je erleben, ist die ewige Gegenwart – welche äußeren Formen sie auch haben mag. Aber die meisten von uns haben das Gefühl, *ihr* gegenwärtiger Moment sei eine dürftige Gegenwart, ein flüchtiger Augenblick, der eine, vielleicht zwei Sekunden dauert. Dies nennen die christlichen Mystiker das *nunc fluens,* d. h. die „vorübergehende Gegenwart". Wir haben das Gefühl, unser gegenwärtiger Augenblick ist *beschränkt* und *begrenzt* zwischen Vergangenheit und Zukunft eingeklemmt. Denn durch die

Verwechslung von Erinnerungssymbolen mit Tatsachen erlegen wir der zeitlosen Gegenwart eine *Grenze* auf, spalten sie in die Gegensätze Vergangenheit und Zukunft auf und begreifen Zeit dann als eine Bewegung von der Vergangenheit her durch unsere „flüchtige Gegenwart" hin zur Zukunft. Die Vergangenheit scheint etwas Wirkliches und Wesentliches *hinter* mir zu sein, etwas Reales, auf das ich zurückblicke. An der anderen Seite unserer verstreichenden Gegenwart liegt die Zukunft. Auch sie erscheint als sehr real und wesentlich – natürlich etwas ungewisser als die Vergangenheit, denn wir können nur raten, wie sie sein wird. Aber *daß* sie da ist, scheint sicher.

Da Vergangenheit und Zukunft so wirklich erscheinen, wird unser Gegenwartsmoment, das Fleisch in unserem „Sandwich", zu einem dünnen Blättchen zusammengedrückt, so daß unsere Realität bald zu bloßen Brotkrusten ohne Füllung wird. Aber wenn man erkennt, daß die Vergangenheit als Erinnerung immer ein Gegenwartserlebnis ist, bricht die Grenze *hinter* diesem Augenblick zusammen. Es wird offensichtlich, daß vor dieser Gegenwart nichts war. Ebenso explodiert die Grenze *nach vorn* vor diesem Augenblick, wenn man erkennt, daß die Zukunft der Erwartung immer ein gegenwärtiges Erlebnis ist. Das ganze Gewicht dessen, daß etwas hinter oder vor uns ist, verschwindet rasch, plötzlich und vollständig. Diese Gegenwart ist nicht mehr umzingelt, sondern dehnt sich aus und erfüllt alle Zeit, und so entfaltet sich die „verstreichende Gegenwart" zur ewigen Gegenwart, die die christlichen Mystiker als *nunc stans* bezeichnen. Das *nunc fluens,* die verstreichende Gegenwart, kehrt in das *nunc stans,* die ewige Gegenwart, zurück. Und *diese* Gegenwart ist keine bloße Scheibe von der Realität. Im Gegenteil, hier wohnt nun der Kosmos, mit aller Zeit und allem Raum in der Welt.

Aldous Huxley hat das so ausgedrückt: „Das ewige Jetzt *ist* ein Bewußtsein" – wie wir es nennen, ein Bewußtsein der All-Einheit.

Das Bewußtsein der Einheit ist die Natur und der Zustand aller fühlenden Wesen. Aber wir schränken unsere Welt immer mehr ein und wenden uns von unserer wahren Natur ab, um uns mit Grenzen zu umgeben. Unser ursprünglich reines und einendes Bewußtsein funktioniert dann auf mannigfaltigen Ebenen, mit verschiedenen Identitäten und verschiedenen Grenzen. Diese verschiedenen Ebenen machen im Grunde die vielen Arten aus, wie wir auf die Frage ‚Wer bin ich?' antworten können und antworten.

An der Basis des Spektrums fühlt der Mensch, daß er mit dem Universum eins ist, daß sein wirkliches Selbst nicht nur sein Organismus ist, sondern die ganze Schöpfung. Auf der nächsten Stufe des Spektrums hat der Mensch das Gefühl, nicht mit dem All eins zu sein, sondern nur mit seinem gesamten Organismus. Sein Identitätsgefühl hat sich verschoben und vom Universum als Ganzem auf eine Facette des Universums verengt, nämlich auf seinen eigenen Organismus. Auf der nächsten Stufe verengt sich seine Selbst-Identität noch einmal, denn nun identifiziert er sich hauptsächlich mit seiner Geistseele oder seinem Ich, das nur eine Facette seines Gesamtorganismus ist. Und auf der letzten Stufe des Spektrums kann er seine Identität sogar auf Facetten seiner Psyche verengen, indem er den Schatten oder unerwünschte Aspekte seiner selbst überträgt oder verdrängt. Er identifiziert sich nur mit einem Teil seiner Psyche, einem Teil, den wir als „Persona" bezeichnen.

Da es verschiedene Stufen des Selbst gibt, gibt es natürlich auch verschiedene Ebenen des inneren Konflikts. Der Grund ist, daß die Grenzlinie des Selbst eines Menschen auf jeder Stufe des Spektrums in anderer Weise gezogen wird. Aber eine *Grenzlinie* ist, wie Ihnen jeder Militärfachmann sagen wird, auch eine potentielle *Gefechtslinie,* denn eine Grenze bezeichnet das Territorium zweier gegnerischer und potentiell einander bekämpfenden Lager. So findet z. B. ein Mensch auf der Stufe des Gesamtorganismus den potentiellen Feind in seiner Umwelt – denn sie erscheint ihm fremd, äußerlich und daher bedrohlich für sein Leben und Wohlbefinden. Aber ein Mensch auf der Ich-Ebene findet, nicht nur seine Umwelt, sondern auch sein Körper sei fremdes Gebiet, dasselbe fremde Gebiet, und daher ist das Wesen seiner Konflikte und Verwirrungen spektakulär anders. Er hat die Grenzlinie seines Selbst verschoben, daher auch die Gefechtslinie seiner Konflikte und persönlichen Kämpfe. Und in seinem Fall ist sein Körper zum Feind übergelaufen.

Diese Kampflinie kann auf der Persona-Ebene scharf hervortreten, denn hier hat der Mensch die Grenzlinie zwischen gewissen Facetten seiner eigenen Psyche gezogen, und daher liegt die Gefechtslinie nun zwischen dem Individuum als Persona und der Umwelt *und* seinem Körper *und* Aspekten seiner eigenen Seele. Das Wesentliche ist, daß ein Mensch, wenn er die Grenzen seiner Seele zieht, zugleich die Kämpfe seiner Seele programmiert.

Persönliches Wachstum bedeutet im Grunde eine Ausdehnung und Erweiterung des eigenen Blickfelds, ein Weiterwerden der eigenen Grenzen – nach außen in bezug auf den Weitblick, nach innen in bezug auf die Tiefe.

4. Vom Leiden und Wachsen

Die Bewegung des Hinabsteigens und der Entdeckung beginnt in dem Augenblick, in dem ein Mensch bewußt unzufrieden mit dem Leben wird. Im Gegensatz zur Meinung der meisten Fachleute ist diese Unzufriedenheit mit dem Leben kein Zeichen von „seelisch-geistiger" Erkrankung und auch kein Anhaltspunkt für unzureichende soziale Anpassung, auch keine Charakterstörung. Denn versteckt in dieser grundlegenden Unzufriedenheit mit dem Leben und dem Dasein liegt der Keim einer sich entwickelnden Intelligenz, einer besonderen Intelligenz, die gewöhnlich unter dem unermeßlichen Gewicht sozialer Heuchelei begraben liegt. Jemand, der das Leiden des Lebens zu spüren beginnt, fängt gleichzeitig an, sich tieferer, wahrerer Realitäten *bewußt zu werden.* Denn Leiden schlägt das Behagen unserer normalen Erfindungen über die Realität in Stücke und zwingt uns, in einem besonderen Sinn lebendig zu werden – sorgfältig zu schauen, tief zu empfinden, mit uns selber und mit der Welt auf eine Weise in Berührung zu kommen, die wir bisher vermieden haben. Man sagt, und ich glaube, zu Recht, Leiden sei die erste Gnade. In bestimmtem Sinn ist Leiden fast eine Zeit der Freude, denn es ist ein Zeichen für den Beginn schöpferischer Einsicht. Aber es ist nur so in einem bestimmten Sinn. Manche Leute klammern sich an ihr Leiden wie die Mutter an ihr Kind und tragen es wie eine Last, die sie nicht abzusetzen wagen. Sie stellen sich dem Leiden nicht bewußt, sondern krallen sich an es, insgeheim erstarrt in den Krämpfen des Märtyrertums. Man sollte dem Leiden weder die Bewußtwerdung versagen, noch es vermeiden, verachten, glorifizieren, sich an es klammern oder es dramatisieren. Das Auftauchen des Leidens ist ein Hinweis darauf, daß man beginnt zu erkennen, daß das Leben außerhalb des Bewußtsein der All-Einheit letzten Endes voller Sorgen ist. Das Leben mit Grenzen ist ein Leben der Kämpfe – der Angst, der Furcht, des Schmerzes und schließlich des Todes. Nur durch alle Arten von betäubenden Kompensationen, Zerstreuungen und Beschwörungen bringen wir uns dazu, unsere illusorischen Grenzen, die Wurzel und Ursache des endlosen Kreises der Pein, nicht in Frage zu stellen. Aber früher oder später, wenn wir nicht ganz und gar gefühllos geworden sind, können unsere abwehrenden Kompensationshandlungen ihren Beschwichtigungs- und Verhehlungszweck nicht mehr erfüllen. Infolgedessen beginnen wir, auf die eine oder andere Weise zu leiden, weil unser Bewußtsein schließlich auf das konfliktbringende Wesen unserer falschen Grenzen und auf das von ihnen gehaltene bruchstückhafte Leben gelenkt wird.

Leiden ist also der Anstoß zum Erkennen falscher Grenzen. Richtig verstanden, ist es daher befreiend, denn es weist über alle Grenzen hinaus. Wir leiden also nicht, weil wir krank sind, sondern weil kluge Einsicht aufsteigt. Damit die Geburt der Einsicht nicht fehlschlägt, ist jedoch das richtige Verstehen des Leidens notwendig. Wir müssen es richtig deuten, um in es hineinzugehen, es zu leben und schließlich über es hinaus zu leben. Wenn wir das Leiden nicht richtig verstehen, bleiben wir einfach mittendrin stecken – wir suhlen uns darin, weil wir nicht wissen, was wir sonst tun sollen.

Während der ganzen Menschheitsgeschichte haben Schamanen, Priester, Weise, Mystiker, Heilige, Psychologen und Psychiater versucht zu erklären, auf welche Weise man das Leiden am besten richtig lebt, um über es hinaus zu leben. Sie haben die Menschen mit Einsichten in ihr Leiden konfrontiert, damit sie, mit dem richtigen Verständnis für ihr Leiden, in Freiheit über es hinausgehen können. Aber die von den verschiedenen Seelenärzten angebotenen Einsichten waren nicht immer von derselben Art, tatsächlich widersprechen sie einander oft drastisch. Die älteren Seelenärzte rieten uns, mit Gott in Fühlung zu kommen; die modernen raten uns, den Kontakt zu unserem Unterbewußten herzustellen. Die fortschrittlichen Seelenärzte raten uns, mit unserem Körper leibhaft umzugehen. Die hellsichtigen Seelenärzte raten uns, über den Körper hinauszugehen. Heute stehen unsere Seelenärzte in schreienderem Gegensatz zueinander als jemals vorher, und infolgedessen sind wir im allgemeinen mitten in unserem Leiden gelähmt, verwirrt über seinen Sinn, ratlos sogar, wen wir nach diesem Sinn fragen sollen. Wir können nicht bewußt in unser Leiden hineingehen, um die in ihm verborgenen Einsichten freizusetzen, wenn wir nicht wissen, was es *bedeutet, warum* es geschieht. Und wir wissen nicht, was es bedeutet, weil wir keinen Seelenarzt haben, dem wir wahrhaft und vollständig vertrauen. Aber da diese Seelenärzte leider alle verschiedener Meinung sind – wem soll man glauben?

Eine der größten Schwierigkeiten mit dieser allgemeinen Kontroverse darüber, wer Recht hat, ist die, daß Laien und Fachleute gleichermaßen beharrlich zu der Ansicht neigen, diese verschiedenen Seelenärzte gingen von verschiedenen Seiten an den Menschen heran. Aber das ist nicht so. Sie nähern sich vielmehr *verschiedenen Ebenen* des menschlichen Bewußtseins unter verschiedenen Blickwinkeln.

Aber sobald wir die vielschichtige Natur des menschlichen Bewußtseins erkennen, sobald wir verstehen, daß unser Wesen viele Ebenen hat, können wir anfangen zu begreifen, daß die verschiedenen Arten von Therapie tatsächlich deshalb verschieden sind, weil sie sich an diese verschiedenen Schichten der Seele wenden. Wenn wir verstehen, daß die verschiedenen Seelenärzte sich wohlbegründet an verschiedene Ebenen des Bewußtseins wenden, können wir vielleicht aufgeschlossener dem zuhören, was jeder einzelne zu seiner besonderen Ebene zu sagen hat. Er wird uns dann wahrscheinlich helfen, die Bedeutung unserer besonderen Art des Leidens zu erkennen, es bewußt und mit Verständnis und Einsicht zu ertragen, und uns so helfen, über das Leiden hinaus zu leben.

Sobald wir mit den verschiedenen Schichten unseres Wesens einigermaßen vertraut werden, erfassen wir vielleicht leichter, auf welcher Ebene wir gegenwärtig leben, ebenso aus welcher Schicht unser Leiden stammt. Wir können dann einen Seelenarzt der passenden Art auswählen, einen geeigneten Ansatz zur Beseitigung unseres gegenwärtigen Leidens, und so nicht mehr inmitten dieses Leidens erstarrt verharren.

Zu diesem Zweck wollen wir in den folgenden Kapiteln einige der Hauptschichten des Bewußtseinsspektrums untersuchen.

5. Die Persona und ihr Schatten – das Ich

Beginnen wir dort, wo sich die meisten Menschen in der Falle befinden – auf der *Ebene der Persona.* Die Persona ist ein mehr oder weniger unrichtiges oder verarmtes Selbstbild. Es entsteht, wenn das Individuum versucht, vor sich selbst die Existenz bestimmter eigener Tendenzen wie Wut, Geltungsbedürfnis, erotische Impulse, Freude, Feindseligkeit, Mut, Aggression, Energie, Interesse usw. zu leugnen. Aber so sehr der Mensch auch versuchen mag, diese Tendenzen zu leugnen, sie verschwinden dadurch nicht. Da diese Tendenzen dem einzelnen *gehören*, kann er nur so tun, als gehörten sie jemand anderem, tatsächlich irgendeinem beliebigen Menschen, nur gerade ihm selber nicht. Es gelingt ihm so nicht wirklich, diese Tendenzen zu leugnen, sondern er kann nur leugnen, daß sie sein eigen sind. Und schließlich glaubt er selbst, sie seien Nicht-Selbst, fremd, draußen. Er hat seine Grenzen *verengt*, um die unerwünschten Tendenzen auszuschließen. Diese entfremdeten Tendenzen werden deshalb als *Schatten* projiziert, und das Individuum identifiziert sich nur noch mit dem, was übriggeblieben ist: mit einem verengten, verarmten und unrichtigen Selbstbild, der Persona.

Die meisten Menschen haben einen sehr starken *Widerstand* dagegen zuzugeben, daß ihre projizierten Impulse und Eigenschaften *ihre eigenen* sind. Nirgends ist sein Wirken offenkundiger als bei der verbreitetsten Form der Projektion, der Hexenjagd.

Die Hexenjagd beginnt, wenn jemand einen Zug oder eine Tendenz in sich aus den Augen verliert, die er als übel, satanisch, dämonisch oder zumindest als verächtlich beurteilt. In Wirklichkeit kann diese Tendenz oder dieser Zug das Unwichtigste von der Welt sein – ein wenig menschliche Perversität, Streitsucht oder Schuftigkeit. Wir haben alle eine dunkle Seite, einen kleinen schwarzen Kern, der, wenn wir ihn kennen und annehmen, zur Würze des Lebens beiträgt. Nach hebräischer Überlieferung hat Gott selbst von Anfang an diese unberechenbare, launische oder perverse Tendenz in alle Menschen hineingelegt, vermutlich, um die Menschheit daran zu hindern, an Langeweile zugrunde zu gehen.

Der Hexenjäger glaubt jedoch, er habe keinen kleinen schwarzen Kern. Er legt sich einen eigenartigen Anstrich von Rechtschaffenheit zu. Es ist nicht so, daß ihm der kleine schwarze Kern fehlt, wie er gern glauben und andere glauben machen möchte, sondern sein kleiner schwarzer Kern ist ihm höchst unbehaglich. Er leistet ihm im eigenen Inneren *Widerstand,* versucht, ihn zu leugnen und ihn hinauszuwerfen. Aber er bleibt *sein* und schreit hartnäckig nach Beachtung. Je mehr sein kleiner schwarzer Kern nach Aufmerksamkeit verlangt, desto mehr wächst sein Widerstand gegen ihn. Je mehr Widerstand er leistet, desto mehr Kraft wächst ihm zu, und um so mehr fordert der schwarze Kern seine Beachtung. Schließlich beginnt der Betroffene, weil er ihn nicht mehr leugnen kann, ihn zu sehen. Aber er sieht ihn auf die einzige Weise, die ihm möglich ist – als etwas, das anderen Menschen innewohnt. Er weiß, daß *irgend jemand* einen kleinen schwarzen Kern hat, aber da er selbst es einfach nicht sein kann, muß es jemand anders sein. Nun muß er nur noch diesen anderen finden, und das wird zu einer höchst wichtigen Aufgabe, denn wenn er niemanden finden kann, auf den er seinen Schatten projizieren kann, bleibt ihm nichts übrig, als ihn selbst zu behalten. Hier sehen wir, wie der Widerstand seine entscheidende Rolle spielt. Denn genauso, wie der Mensch einst seinen eigenen Schatten mit ungezügelter Leidenschaft gehaßt und ihm Widerstand geleistet hat und ihn mit jedem Mittel auszulöschen suchte, verachtet er nun, mit derselben Leidenschaft, jene, auf die er seinen eigenen Schatten projiziert.

Manchmal nehmen diese Hexenjagden entsetzliche Dimensionen an – so die Judenverfolgung bei den Nazis, die Hexenprozesse von Salem, die Verfolgung Schwarzer als Sündenböcke durch den Ku Klux Klan. Man beachte jedoch, daß in all solchen Fällen der Verfolger die Verfolgten gerade wegen jener Eigenschaften haßt, die er selber mit offenkundig unzivilisierter Heftigkeit an den Tag legt. Zu anderen Zeiten erscheint die Hexenjagd in weniger erschreckendem Ausmaß – z. B. in Form der während des Kalten Krieges verbreiteten Furcht, unter jedem Bett könnte sich ein Kommunist verborgen halten. Und oft äußert sie sich auch in komischer Form – als unaufhörlicher Klatsch über alle anderen

Leute, der einem viel mehr über den Klatschsüchtigen sagt als über das Objekt des Klatsches. Aber all diese Beispiele zeigen Individuen, die sich verzweifelt bemühen, zu beweisen, daß ihr eigener Schatten anderen gehört.

Die eigenen Projektionen zurücknehmen bedeutet einfach, eine Grenze beseitigen, Dinge als Eigentum aufzunehmen, von denen man dachte, sie seien etwas Fremdes, in sich selber Platz machen für ein Verstehen und Annehmen der eigenen vielfältigen Möglichkeiten, der negativen wie der positiven, der guten und schlechten, der liebenswürdigen und der verächtlichen, und so ein relativ genaues Bild von dem zu entwickeln, was der eigene psycho-physische Organismus ist. Es bedeutet, die eigenen Grenzen zu verschieben, die eigene Seele neu zu kartographieren, so daß alte Feinde zu Verbündeten werden und insgeheim sich befehdende Gegensätze zu offenen Freunden werden. Am Ende werden Sie zwar vielleicht nicht alles an sich wünschenswert finden, aber vielleicht doch alles liebenswürdig.

6. Das Ich und der Körper – der Kentaur

Wir haben im letzten Kapitel gesehen, daß wir durch Reintegration des Schattens unsere Identität erweitern und von einer verarmten Persona zum gesunden Ich machen können. Es ist fast wie der Umzug aus einem engen Apartment in eine behagliche Wohnung. In diesem Kapitel gehen wir aus der behaglichen Wohnung in ein geräumiges Haus. Wir erweitern die Identität vom Ich (und seiner Weitsicht) bis hin zum Kentauren, indem wir den Kontakt zu unserem Körper wieder aufnehmen.

„Nur wenige von uns haben den Verstand verloren, aber die meisten haben schon lange ihren Körper verloren", heißt es, und ich fürchte, wir müssen das wörtlich nehmen. Es gibt allerlei Gründe, warum wir unseren Körper im Stich lassen und warum wir fürchten, ihn wieder zurückzufordern. Oberflächlich betrachtet scheint es uns viel Lärm um nichts. Auf einer tieferen Ebene fürchten wir die Wiedereroberung des Körpers, weil in ihm starke Emotionen und Gefühle wohnen, die einem gesellschaftlichen Tabu unterliegen. Und letztlich wird der Körper gemieden, weil er der Sitz des Todes ist.

Jede Grenze schafft Gegensätze. Einer der bedeutendsten an der Grenze zwischen Ich und Körper ist der Gegensatz zwischen Willkürlichem und Unwillkürlichem. Das Ich ist der Sitz der Beherrschung, der Manipulation, der willkürlichen und gewollten Aktivität. Tatsächlich identifiziert sich das Ich in der Regel nur mit willentlichen Vorgängen. Der Körper ist jedoch eine wohlgeordnete Ansammlung von unwillkürlichen Prozessen, des Blutkreislaufs, der Verdauung, des Wachstums usw.

Als Ich empfindet der Mensch alle unwillkürlichen Vorgänge irgendwie als Nicht-Selbst und nicht vertrauenswürdig. Besonders bedroht fühlt sich das Ich durch die Anfechtbarkeit des Körpers durch den Schmerz, und es versucht, sich davon zurückzuziehen. Es kann tatsächlich lernen, das Bewußtsein vom Körper abzuziehen, ihn abzustumpfen und unempfindlich zu machen. Aurobindo hat das als ‚Vitalschock' bezeichnet – den Schock und Rückzug des Bewußtseins von der Verletzlichkeit und Sterblichkeit des Fleisches, ein Zurückweichen, das das Fleisch betäubt und das Gewahrsein verzerrt.

Normalerweise läßt der Mensch den Körper erstarren, ohne das Wesen dieser Erstarrung zu begreifen. Er weiß nicht einmal, daß er erstarrt ist. Er fühlt nichts, und das ist ihm ganz recht. Vielleicht spüren wir dann jedoch, daß es uns irgendwie an Tiefe fehlt, an einer Basis, an Sinn. Das kann uns anregen, weiter hinunterzusteigen und unsere Identität auf den ganzen psychophysischen Organismus auszudehnen. Dazu müssen wir allerdings die Starrheit der Ichherrschaft aufgeben – sie ist für die Abspaltung verantwortlich –, so daß die Empfindungen aus der Tiefe des Körpers bis an die Oberfläche gelangen können.

Eine Möglichkeit, Fühlung mit dem Körper aufzunehmen, besteht darin, daß Sie sich ausgestreckt auf den Rücken legen. Machen Sie die Augen zu, atmen sie tief, aber leicht, lassen Sie Ihre Aufmerksamkeit durch den Körper strömen und achten Sie darauf, ob irgendeine positive oder negative Empfindung in den verschiedenen Teilen Ihres Körpers vorhanden ist. Probieren sie das mindestens drei Minuten lang aus, und achten Sie darauf, wie oft Sie mit Ihrer Aufmerksamkeit den Körper verlassen und in Tagträume abwandern. Kommt es Ihnen merkwürdig vor, daß es schwierig sein kann, drei Minuten lang in Ihrem Körper zu bleiben? Wenn Sie nicht im Körper sind, wo sind Sie dann?

Nach dieser Vorbereitung liegen Sie wieder still, die Arme neben dem Körper, die Beine leicht auseinander, die Augen geschlossen. Atmen Sie nun langsam sehr tief und ziehen die Einatmung von der Kehle zum Bauch herunter, so daß schließlich die ganze Mittelpartie gefüllt ist. Stellen Sie sich vor, Ihr ganzer Brustkorb und Bauch sei mit einem großen Ballon ausgekleidet und mit jedem Einatmen pumpten Sie den Ballon ganz voll, so daß er sich sanft in den Brustkorb hinein ausdehnt und sich im Bauch voll aufbläht. Dabei kann ein Gefühl subtilen Vergnügens entstehen. Man atmet buchstäblich Lust. Beim Ausatmen lassen Sie diese Lust ausströmen und den ganzen Körper durchdringen. Vielleicht können Sie nun verstehen, warum Yogis den Atem eine Lebenskraft nennen.

Es ist auch möglich, daß Sie den Atemballon unterteilt in Brust, Bauch und Beckenboden erleben, wobei jedes Segment vom andern durch Bereiche der Verhärtung und Anspannung getrennt ist. Sie haben dann Blockierungen (Minigrenzen) des ungehinderten Fließens der Gefühlsaufmerksamkeit gespürt.

Was bedeuten diese Blockierungen oder Widerstände? Auf der Ich-Ebene widersteht ein Mensch einem Impuls oder Gefühl, indem er leugnet, daß es zu ihm gehört, und projiziert es auf andere Verleugnete, und projizierte Feindseligkeit kann dann dazu führen, daß der Mensch das Gefühl hat, diese anderen greifen ihn an, und Angst bekommt. Was ge-

↳ Angst ≟ unterdrückte Lust, Kraft, Aggression
Beherrschungslust ...

schieht im Körper, wenn Sie Feindseligkeit verdrängen? Eigentlich möchten Sie vielleicht schreien oder um sich schlagen. Diese Muskelaktivitäten sind der wesentliche Teil der Feindseligkeit selbst. Sie können sie nur unterdrücken, wenn Sie diese Entladung unterdrücken. Sie müssen also einige Ihrer Muskeln benützen, um einige Ihrer anderen Muskeln zurückzuhalten. Dieser Konflikt endet mit einem Patt, aber mit einem sehr angespannten, das große Mengen von Energie verbraucht. Dies ist genau das Wesen der Blockierungen im Körper: muskuläres Festhalten irgendeines tabuierten Impulses oder Gefühls. Man kneift die Augen zusammen, um sich am Weinen zu hindern; Verspannungen im Zwerchfell schränken das Atmen und damit unberechenbare Emotionen ein usw.

Es ist möglich, Blockaden aufzulösen. Allerdings – Sie haben vermutlich mindestens fünfzehn Jahre gebraucht, um eine bestimmte Blockierung aufzubauen, Sie sollten nicht überrascht sein, wenn sie nicht nach fünfzehn Minuten für immer verschwindet. Da jede Blockierung eine unbewußte Anspannung willkürlicher Muskeln ist, ist es entscheidend, ein Gefühl dafür zu bekommen, wie ich diese Muskeln aktiv anspanne. Daher entspanne ich nicht (das gelingt sowieso selten dauerhaft), sondern steigere mit Bedacht die Spannung und versuche aktiv, etwas nicht herauszulassen. Dadurch mache ich mir bewußt, was ich mir selbst antue und setze damit Energie frei, die ich, statt gegen mich selbst, nach außen richten kann, um eine Aufgabe, ein gutes Buch, eine Mahlzeit ‚anzupacken'.

Und dazu kommt ein Zweites: Die Blockierung diente ursprünglich dazu, Gefühle und Impulse zu ersticken, die einmal gefährlich, verboten oder unannehmbar erschienen. Wenn sie aufgelöst werden sollen, werden Sie sich den Gefühlen öffnen müssen, die unter der Muskelverkrampfung begraben liegen. Begrabene Gefühle sind selten unersättlich und total überwältigend. Gewöhnlich bringen sie einen Tränenausbruch, ordentliches Schreien, einen guten altmodischen Wutanfall mit einem Angriff auf Kissen, die zu diesem Zweck bereitgelegt werden oder ähnliches. Auf jeden Fall ist es eine emotionale Befreiung.

Die Heilung der Spaltung zwischen Seele und Leib, dem Willkürlichen und dem Unwillkürlichen, bewirkt eine bedeutsame Veränderung im Selbst- und Realitätsgefühl. Unser eigenwilliges Ich kann sich mit zwei oder drei Dingen auf einmal befassen. Unser Gesamtorganismus jedoch koordiniert – ohne irgendeine Hilfe des Ichs – in diesem Augenblick buchstäblich Millionen von Prozessen zugleich, von den verwickelten Verdauungsvorgängen über die komplexen Vorgänge der Nervenleitung bis hin zur Koordination der begrifflichen Information. Das erfordert eine Weisheit, die unendlich viel größer ist als die oberflächlichen Tricks, auf die das Ich so stolz ist.

Einen ichhaften Sinn im Leben finden heißt, etwas zu tun, und bis zu einer gewissen Grenze ist das angemessen. Einen kentaurischen Sinn findet man nicht in äußeren Prozessen, sondern in den strahlenden Strömungen des eigenen Seins und in den Beziehungen dieser Strömungen zur Welt, zu Freunden, zur Menschheit und zur Unendlichkeit selbst. Wirklichen Sinn im Leben zu finden heißt auch, sich mit der Vergänglichkeit alles Seienden zu befreunden, mit jedem Ausatmen Körper, Seele und Geist ganz in die Leere entlassen, um mit jedem Einatmen wiedergeboren und wiederhergestellt zu werden.

7. Das Selbst in Transzendenz

Wenn wir nun die Ebene des Kentauren verlassen, treten wir ein in die Welt des Jenseits und Darüber, wo wir allmählich mit einem Gewahrsein in Fühlung kommen, das das Individuum transzendiert und dem Menschen etwas offenbart, das weit über ihn selbst hinausgeht.

Leider erzeugen Aussagen wie diese bei den meisten modernen gebildeten Abendländern wenig mehr als Verwirrung, denn bei der allgemeinen Blutleere der heutigen Religion haben wir meist jeden direkten und sozial begehbaren Weg zur Transzendenz verloren. Der Durchschnittsmensch wird daher vermutlich ungläubig zuhören, wenn ihm erklärt wird, daß er in den tiefsten Tiefen seines Wesens ein transpersonales Selbst hat, ein Selbst, das über seine Individualität hinausgeht und ihn mit einer Welt verbindet, die jenseits von konventionellem Raum und konventioneller Zeit liegt.

Diese Vedrängung lebendiger Religiosität ist zweifellos stärker für die Unzufriedenheit in unserer gegenwärtigen unglücklichen Kultur verantwortlich als die Verdrängung von Sexualität.

Weil jedoch das Verdrängte niemals wirklich gebannt ist, sondern lediglich schlummert und Kräfte sammelt oder in verkleideter Form an die Oberfläche drängt, sehen wir heute zunehmend verdrängte Transzendenz hervorbrechen. Sie nimmt die Form eines Interesses an Meditation, an übersinnlichen Erscheinungen, Yoga, östlichen Religionen, Veränderungen des Bewußtseins, Biofeedback, Erfahrungen mit dem Verlassen des Körpers und Zuständen der Todesnähe an. Weil dieser Drang zur Transzendenz allgemein so lange verdrängt gewesen ist, nimmt er gelegentlich bizarre oder übertriebene Formen an, wie z. B. schwarze Magie, Okkultismus, Mißbrauch psychedelischer Drogen und kultische Guru-Verehrung.

Aber trotz dieser neuen Transzendenz fällt es den meisten Abendländern immer noch sehr schwer zu begreifen, wie es sein kann, daß etwas tief in ihnen Verborgenes tatsächlich Raum und Zeit überschreitet und wie es in ihnen ein Gewahrsein geben kann, das, weil es über das Individuum hinausgeht, frei von persönlichen Problemen, Spannungen und Ängsten ist.

Wenn Sie wollen, können Sie mit folgender kleinen Übung vielleicht intuitiv etwas davon erfassen. Beginnen Sie mit zwei oder drei Minuten kentaurischen Gewahrseins, wie im letzten Kapitel beschrieben (aus dem einfachen Grund, daß Sie dann mehr oder weniger in Fühlung mit der Kentauren-

Ebene und damit den transpersonalen Schichten darunter „näher" sind). Dann fangen Sie langsam und tonlos an, sich folgendes vorzusagen, wobei Sie versuchen sollten, sich so lebhaft wie möglich den Sinn jeder Aussage klarzumachen:

Ich *habe* einen Körper, aber ich *bin nicht* mein Körper. Ich kann meinen Körper sehen und fühlen, und was gesehen und gefühlt werden kann, ist nicht der wahre Sehende. Mein Körper mag müde oder erregt, krank oder gesund, schwer oder leicht sein, aber das hat nichts mit meinem inneren Ich zu tun. Ich *habe* einen Körper, aber ich *bin nicht* mein Körper.

Ich *habe* Begierden, aber ich *bin nicht* meine Begierden. Ich kann meine Begierden kennen, und was gekannt werden kann, ist nicht der wahre Erkennende. Begierden kommen und gehen, sie schweben durch mein Bewußtsein, aber sie berühren nicht mein inneres Ich. Ich *habe* Begierden, aber ich *bin nicht* die Begierden.

Ich *habe* Gefühle, aber ich *bin nicht* meine Gefühle. Ich kann meine Gefühle fühlen und spüren, und was gefühlt und gespürt werden kann, ist nicht der wahre Fühlende. Gefühle gehen durch mich hindurch, aber sie berühren nicht mein inneres Ich. Ich *habe* Gefühle, aber ich *bin nicht* die Gefühle.

Ich *habe* Gedanken, aber ich *bin nicht* meine Gedanken. Ich kann meine Gedanken kennen und intuitiv erfassen, und was gekannt werden kann, ist nicht der wahre Erkennende. Gedanken kommen zu mir und verlassen mich wieder, aber sie berühren nicht mein inneres Ich. Ich *habe* Gedanken, aber ich *bin nicht* meine Gedanken.

Wenn man dies getan hat – vielleicht mehrmals – dann behauptet man so konkret wie möglich:

Ich bin, was übrig geblieben ist, ein reines Zentrum des Gewahrseins, ein unbewegter Zeuge all dieser Gedanken, Emotionen, Gefühle und Begierden.

Vielleicht merken Sie bei einer solchen Übung, daß Ihr Selbstgefühl sich verändert. Vielleicht fangen Sie an, ein tiefes inneres Gefühl von Freiheit, Leichtigkeit, Entlastung und Stabilität wahrzunehmen. Die Entdeckung dieses Zentrums ist so ähnlich, als tauchte man aus den unheilschwangeren Wellen an der Oberfläche eines stürmischen Meeres hinunter in die ruhigen und sicheren Tiefen am Meeresgrund. Zunächst gelangen Sie vielleicht nicht mehr als einen Meter unter die bewegten Wogen der Emotion, aber mit Ausdauer werden Sie vielleicht fähig, klaftertief in die ruhigen Gründe Ihrer Seele hinabzutauchen und ausgestreckt am Grunde liegend, aufmerksam, aber distanziert zu dem Wirbel aufzublicken, der Sie früher gefangen hielt. Vielleicht merken Sie, daß Ihr ganzes *individuelles* Selbst (Persona, Ich, Kentaur), für das Sie bisher gekämpft, das Sie verteidigt und geschützt haben, ganz allmählich und sanft anfängt, durchsichtig zu werden und von Ihnen abzufallen. Es ist nicht so, daß es buchstäblich abfällt und Sie plötzlich feststellen, daß Sie körperlos durch den Raum schweben. Vielmehr fangen Sie an zu spüren, daß das, was mit Ihrem persönlichen Selbst geschieht – Ihre Wünsche, Hoffnungen, Begierden, Kränkungen –, nicht so eine todernste Angelegenheit ist, weil in Ihrem Inneren ein tieferes und grundlegenderes Selbst ist, das von diesen peripheren Fluktuationen, diesen Oberflächenwellen großen Tumults, aber schwacher Substanz, nicht berührt wird.

Ihr persönliches leibseelisches Gefüge mag daher Schmerzen oder Demütigung oder Angst leiden, aber solange Sie als Zeuge dieser Angelegenheit verharren, als stünden Sie weit darüber, bedrohen sie Sie nicht mehr, und so fühlen Sie sich nicht länger gedrängt, sie zu manipulieren, mit ihnen zu ringen oder sie zu bezwingen. Weil Sie bereit sind, sie als Zeuge zu beobachten, sie unparteiisch zu betrachten, können Sie sich über sie hinwegsetzen.

Wenn Sie Erfolg damit haben, diese Art des distanzierten Beobachtens zu entwickeln (es braucht Zeit), werden Sie die Ereignisse in Ihrem leibseelischen Gefüge mit derselben Unparteiischkeit betrachten können, mit der Sie Wolken ansehen würden, die am Himmel vorbeiziehen, Wasser, das in einem Strom vorüberfließt, Regen, der auf ein Dach herunterplatscht.

In allen vorherigen Kapiteln haben wir von „Therapie“ als von einer „Erweiterung“ der Identität gesprochen, aber jetzt sprechen wir ziemlich unvermittelt von einer Aufhebung der Identifikation. Ist das nicht ein Widerspruch? In Wirklichkeit handelt es sich nur um zwei Arten, über denselben Vorgang zu sprechen.

Sehen Sie sich noch einmal *Abbildung 1* an und beachten Sie z. B. das Hinabsteigen von der Persona-Ebene auf die Ich-Ebene. Zwei Dinge geschehen dabei: Einmal *identifiziert* sich der Mensch mit seinem Schatten. Aber zweitens *hebt* er die *Identifikation* mit seiner Persona *auf* oder löst seine ausschließliche Bindung an sie. Seine „neue“ Identität, das Ich, ist also eine synergetische Kombination von Persona und Schatten. Ähnlich dehnt ein Mensch, um auf die Kentauren-Ebene hinunterzusteigen, seine Identität auf den Körper aus, während er seine *ausschließliche* Identifikation mit dem Ich aufhebt. In jedem Fall erweitern wir unsere Identität nicht nur auf ein neues und größeres Maß, sondern wir sprengen auch eine alte und verengte Identität. Auf dieselbe Weise „erweitern“ wir uns zur neuen Identität des transzendenten Selbst, indem wir unsere engere Identität mit dem Kentauren allein sanft aufbrechen oder loslassen. Wir geben die Identität mit dem Kentauren auf, bewegen uns jedoch auf mehr Tiefe und Erweiterung zu.

Es ist wichtig zu bekräftigen, daß ein Mensch, nur weil er beginnt, mit den transpersonalen Schichten in Berührung zu kommen oder sogar ganz und gar zu ihnen überzugehen, den Zugang zu allen oberen Schichten des Spektrums und die Herrschaft über sie nicht verliert. Denken Sie daran, daß das Individuum, wenn es von einer ausschließlichen Identität mit der Persona zu einer vollständigeren und genaueren Identität mit seinem Gesamt-Ich hinabsteigt, nicht den Zugang zur Persona verliert – er klebt nur nicht mehr an ihr. Er kann immer noch seine Persona (Maske) „aufsetzen“, wenn er z. B. beschließt, eine „gute Schau abzuziehen“ oder vorübergehend aus praktischen oder Anstandsgründen eine gesellschaftliche Fassade zur Schau stellen. Aber er ist nicht

Das Spektrum des Bewußtseins

Abb. 1

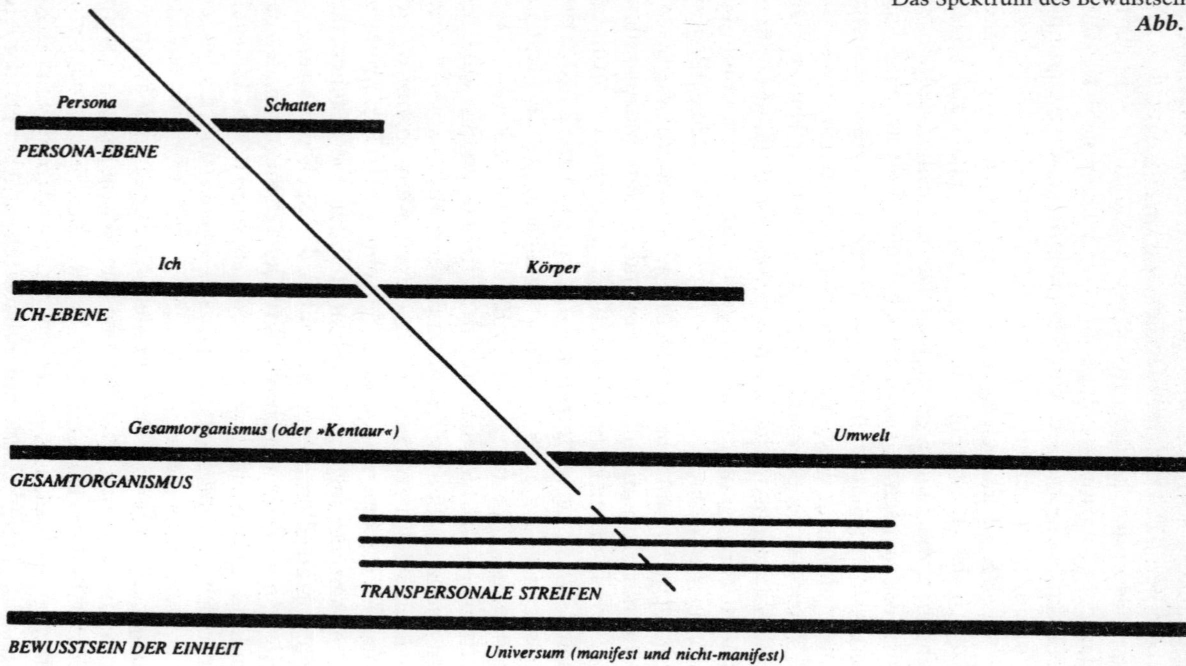

mehr chronisch in dieser Rolle verankert. Früher konnte er seine Fassade nicht fallen lassen, weder vor anderen noch – und hier liegt das Problem – vor sich selber. Jetzt jedoch kann er sie einfach benützen oder nicht, je nach den Umständen und nach eigenem Ermessen. Ebenso zerstören Sie, wenn Sie von der Ich-Ebene zur Kentauren-Ebene hinabsteigen, weder das Ich noch den Körper, sondern einfach nur die Grenze zwischen beiden.

Es könnte so klingen, als behandelten wir unseren Organismus mit der Geringschätzung, die wir manchmal der Umwelt zeigen. Aber in Wirklichkeit geht es andersherum: Wir fangen an, alle Umweltobjekte so zu behandeln, als wären sie unser eigenes Selbst. Tatsächlich stellt diese Haltung die Intuition dar, daß die Welt in Wirklichkeit der eigene Körper ist und als solcher behandelt werden sollte. Aus dieser Art der transpersonalen Intuition entspringt das universelle Mitleid, das die Mystiker so betonen. Dies ist ein Mitleid oder eine Liebe anderer Größenordnung, als man sie auf den Ebenen der Persona, des Ichs oder des Kentauren findet. Auf der transpersonalen Ebene beginnen wir, andere nicht deshalb zu lieben, weil sie uns lieben, bestätigen, spiegeln oder in uns Sicherheit geben.

Aber was dieses innere Ich angeht – wirklich, was ist das? Es ist nicht mit Ihrem Körper geboren worden und es wird beim Tod nicht vergehen. Es erkennt die Zeit nicht an, noch sorgt es sich um ihre Nöte. Es ist ohne Farbe, Gestalt, Form oder Umfang, und doch erblickt es die ganze Pracht vor Ihren Augen. Es sieht Sonne, Wolken, Sterne und Mond, ist selbst aber nicht sichtbar. Es hört die Vögel, die Grillen, den rauschenden Wasserfall, ist selbst aber unhörbar. Es erfaßt das gefallene Blatt, den verkrusteten Felsen, den knotigen Ast, kann aber selbst nicht erfaßt werden.

Dies ist also die Botschaft der Heiligen und Mystiker, seien sie Indianer, Taoisten, Hindus, Moslems, Buddhisten oder Christen. Auf dem Grunde Ihrer Seele ist die Seele der Menschheit selbst, aber eine göttliche, transzendente Seele, die aus der Knechtschaft zur Befreiung führt, aus der Verzauberung zum Erwachen, aus der Zeit in die Ewigkeit, vom Tod zur Unsterblichkeit.

Aber genau an dem Punkt, wo der Mensch erkennt, daß alles, was er tut, ein Widerstand ist, ein Wegschauen und Weglaufen, hat er keine Wahl mehr als das Aufgeben. Nichts, was er tun oder nicht tun kann, funktioniert, weil das Bewußtsein der All-Einheit immer schon vorhanden ist. Das Erkennen des Widerstands ist die Auflösung des Widerstands und ein Anerkennen der früheren Einheit.

Sobald dieser Urwiderstand anfängt, sich aufzulösen, löst sich das gesonderte Selbst des Menschen mit ihm zusammen auf. Die Welt und das Selbst kehren als ein einziges Erlebnis zurück, nicht als zwei verschiedene. Wir springen nicht mehr von einer Welle zur anderen, denn es gibt nur eine Welle, und sie ist überall.

Ferner scheint das Erleben nicht mehr an uns vorbeizuziehen, wenn wir uns nicht mehr vom Erleben entfernen. Der Gegenwart nicht länger Widerstand leisten heißt, zu erkennen, daß es außer der Gegenwart nichts gibt – keinen Anfang, kein Ende, nichts hinter ihr, nichts vor ihr. Wenn man erkennt, daß die Vergangenheit der Erinnerung und die Zukunft der Erwartung gegenwärtige Fakten sind, dann fallen die Barrieren vor dieser Gegenwart. Die Grenzen *um* diesen Augenblick *herum* fallen *in* diesen Augenblick *hinein,* und dann gibt es nichts mehr als diesen Augenblick.

So wird offenbar, warum die Suche nach dem „All-Einheitsbewußtsein" so aufreibend war. Alles, was wir zu tun versuchten, war falsch, weil alles schon und von Ewigkeit her richtig war. Selbst was als Urwiderstand gegen Brahman, die All-Einheit, erschien, war in Wirklichkeit eine Bewegung Brahmans, weil es *nichts als* Brahman gab. Es hat nie eine andere Zeit als jetzt gegeben, und es wird auch nie eine andere geben. Was als diese Urbewegung *weg* vom Jetzt erschien, war in Wirklichkeit eine ursprüngliche Bewegung *des* Jetzt. Das ewige Jetzt *ist* seine Bewegungen. Die Wellen des Meeres schlagen frei an die Küste und nässen die Steine und Muscheln.

Diesem Urwiderstand gegen das Bewußtsein der All-Einheit müssen wir uns nähern, nicht diesem Bewußtsein selbst. Denn solange Sie nicht genau erkennen, wie Sie dem Bewußtsein der All-Einheit Widerstand leisten, werden all Ihre Bemühungen, etwas zu „erreichen", vergeblich sein, weil das, was Sie zu erreichen versuchen, auch das ist, wogegen Sie unbewußt Widerstand leisten und was Sie unbewußt zu verhindern suchen. Was wir uns an der Oberfläche brennend wünschen, verhindern wir in der Tiefe mit Erfolg.

Auf jeder der oberen Ebenen des Bewußtseinsspektrums gab es irgendein Handeln, das nach den Maßstäben der jeweiligen Ebene kein Widerstand war. Zum Beispiel waren freies Assoziieren auf der Ich-Ebene und das Beachten der verstreichenden Gegenwart auf der Kentaurenebene kein Widerstand, zumindest nicht im Rahmen dieser Ebenen. In all diesen Fällen konnte der Mensch daher wählen, ob er Widerstand leisten wollte oder nicht. Er hatte Alternativen. Es gab einerseits sein Selbst (Persona, Ich, Kentaur oder das Transpersonale) und andererseits seinen Widerstand.

Aber hier, am Grund des Spektrums, gibt es keine Alternative. Die Therapie auf jeder der oberen Ebenen war die Abschaffung eines groben Widerstands durch Verstärkung eines subtileren. Aber hier gibt es keinen subtileren Widerstand. Der Mensch hat keine Alternative mehr zum Widerstand, denn alles, was er tut, *ist* Widerstand. Er hat den Widerstand bis an die Grenze des Spektrums gejagt, und hier umzingelt er ihn.

Es gibt auch einen besonderen Grund dafür, den er allmählich intuitiv erfaßt. Sein abgesondertes Selbst scheint immer Widerstand zu leisten, weil die Empfindung eines abgesonderten Selbst und die Empfindung von Widerstand ein und dasselbe sind. Dieses innere Gefühl, ein gesondertes Selbst zu sein, ist nichts weiter als ein Gefühl des Sich-Entfernens, des Widerstands, des Sich-Zusammenziehens, des Abseitsstehens, des Wegsehens, des Zugreifens. Wenn man sich selber fühlt, fühlt man sonst nichts.

Das ist der Grund, warum alles, was der Mensch versuchte zu tun oder nicht zu tun, „falsch" war, einfach nur mehr Widerstand und mehr Sich-Entfernen war. Alles was er tat, war falsch, weil *er* es tat. Sein Selbst *ist* Widerstand und konnte daher den Widerstand nicht aufgeben.

An dieser Stelle scheint tatsächlich alles trübe zu sein. Das Individuum scheint nichts als eine Falle zu sein, die aufgestellt ist, damit es sich immer wieder selber fängt. Die dunkle Nacht der Seele beginnt, und das Licht des Bewußtseins scheint sich wider sich selbst zu kehren und spurlos zu verschwinden. Alles scheint verloren, und in gewissem Sinn ist alles verloren. Eine Dunkelheit folgt der anderen, Leere führt zu Leere.

8. Der höchste Zustand des Bewußtseins

Das Bewußtsein der All-Einheit ist kein von anderen Zuständen verschiedener oder gesonderter Zustand, sondern die Bedingung und wahre Natur *aller* Zustände. Wenn es anders wäre als irgendein Zustand (z. B. wenn es anders wäre als Ihr Bewußtsein eben jetzt), dann würde das bedeuten, daß es seine Grenze hätte, daß es etwas hätte, was es von Ihrem gegenwärtigen Bewußtsein trennt. Aber das Bewußtsein der All-Einheit hat keine Grenzen, also gibt es nichts, was es von irgend etwas trennt.

Die verschiedenen Ebenen des Spektrums sind wie die verschiedenen Wellen des Meeres – jede Welle unterscheidet sich sicherlich von allen anderen. Manche Wellen nahe der Küste sind stark und mächtig, während andere weiter draußen schwächer und weniger mächtig sind. Aber jede Welle ist dennoch anders als alle anderen, und wenn Sie beim Wellenreiten wären, könnten Sie eine bestimmte Welle auswählen, sie erwischen, sie reiten und mit ihr je nach Ihren Fähigkeiten arbeiten. Nichts von alledem könnten Sie tun, wenn die Wellen nicht unterschiedlich wären. Jede Ebene des Spektrums ist wie eine bestimmte Welle, und so können wir jede von ihnen „erwischen" – mit der richtigen Technik und genügend Übung.

Bewußtsein der All-Einheit ist jedoch nicht so sehr eine bestimmte Welle, sondern vielmehr das *Wasser* selbst. Und es gibt keine Grenze, keinen Unterschied, keine Trennung zwischen dem Wasser und allen Wellen. Das heißt, das Wasser ist in *allen* Wellen gleichermaßen gegenwärtig, in dem Sinn, daß keine Welle nasser ist als eine andere.

Jede Ebene des Spektrums ist unter zahlreichen anderen Dingen durch verschiedene Arten des Widerstands oder der Vermeidung gekennzeichnet. Auf der Persona-Ebene haben wir uns gegen die Einheit mit dem Schatten in all seinen Formen gewehrt. Auf der Ich-Ebene haben wir gegen die Einheit mit dem Kentauren und all seinen Eigenschaften Widerstand geleistet. Und schließlich finden wir, wie wir jetzt sehen werden, auf der Kentauren-Ebene selbst (und bis in die transpersonalen Schichten hinein) den letzten und Ur-Widerstand – gegen das Bewußtsein der All-Einheit.

Jede Art von Widerstand hat zur Folge, daß der Mensch wieder andere Aspekte seiner selbst so sieht, als *seien sie* „Objekte dort draußen". Der Schatten erschien als etwas Fremdes dort draußen. Der Körper erschien als ein fremder Gegenstand dort unten. Ebenso führt der allertiefste Widerstand an der Basis des Spektrums dazu, daß man einige Aspekte des eigenen Selbst so sieht, als seien sie „Objekte dort draußen". Aber auf dieser Ebene, da sie so umfassend ist, sind diese äußeren Objekte nichts anderes als die gesamte Umgebung (sei sie grob, subtil, persönlich oder überpersönlich). Die Bäume, die Sterne, die Sonne und der Mond – diese „Umweltobjekte" sind ebensosehr Teil unseres wirklichen Selbst wie der Schatten Teil unseres ichhaften Selbst und wie der Körper Teil unseres kentaurischen Selbst ist.

Die Evolution des Bewußtseins in der Geschichte der Menschheit

Bislang wurden die verschiedenen Ebenen des Bewußtseins gewissermaßen zeitlos dargestellt. In ‚Halbzeit der Evolution' behandelt Wilber die Entwicklung des Bewußtseins aus historischer Sicht als Menschheitsgeschichte – eine spannende Lektüre. Wilber gibt dieser Geschichte einen großen Sinn: Es geht um den Weg des Menschen ‚vom Tier zu den Göttern' (Plotin), vom animalischen zum kosmischen Bewußtsein. Und wir haben diesen Weg erst halb zurückgelegt.

Das Buch ist in gutem Sinne interdisziplinär. Wilber beschäftigt sich mit Vor- und Frühgeschichte, mit Anthropologie und Mythologie, mit Gebser, Neumann, Hegel, Habermas und vielen anderen, deren Aufzählung hier den Rahmen sprengen würde. Auch die Psychologen – Arieti, Piaget, Kohlberg, Mahler, Kernberg – kommen nicht zu kurz, denn es gibt einige Parallelen zwischen der Entwicklung der Menschheit als Ganzem und der Individualentwicklung. Aus dem ‚Keim' des ersten Buches ist hier eine große Eiche geworden.

Nach Wilbers eigenem Vorwort und Abschnitten über den Sinn der Geschichte, die Große Kette des Seins und das Atmanprojekt folgt die Darstellung der Stufen der Menschheitsentwicklung vom praepersonal Unbewußten (archaisches, magisches und mythisches Bewußtsein) über das personal Bewußte (mental-ichhaftes Bewußtsein) bis zum transpersonal Überbewußten (Gottesbewußtsein, Einheitsbewußtsein und Absolutem) in der Zusammenfassung der Herausgeberin.

9. Vom Sinn der Geschichte

Nichts kann lange von Gott getrennt sein und bleiben, noch vom Urgrund allen Seins, außerhalb dessen nichts existiert. Und Geschichte – nicht als Aufzeichnung individueller und nationaler Taten, sondern als Bewegung des menschlichen Bewußtseins – ist die Erzählung der Liebesaffäre zwischen dem Menschen und dem Göttlichen.

Für die jüdisch-christliche Welt – also das abendländische Verständnis – ist die Geschichte die Entfaltung eines Paktes zwischen Gott und dem Menschen. Für das moderne wissenschaftliche Denken ist sie ein Prozeß der Evolution, eine Bewegung von der Amöbe über das Reptil zum Affen und zum Menschen. Diese beiden Anschauungen unterscheiden sich gar nicht so sehr: Für beide gibt es eine Bewegung vom Niederen zum Höheren, vom Schlechten zum Besseren, beide versprechen ein Morgen, das besser (oder entwickelter) ist als das Heute. Bei ganz gewiß unterschiedlichem Inhalt ist die Form im Grunde die gleiche, sie ist historisch. Beide Anschauungen sehen Geschichte nicht nur als Fortbewegung, sondern als Fortbewegung in eine bestimmte Richtung.

Die wissenschaftliche Betrachtungsweise – Geschichte als bloße Evolution – leidet jedoch an einem entscheidenden Mangel: Sie kann nicht erklären, welchen Sinn diese Zielrichtung hat. Die Antwort der Positivisten auf die Frage nach dem Sinn der Geschichte lautet: ‚Fragen Sie nicht'. Die Theologie kann wirksam mit dem Sinn der Geschichte arbeiten, weil sie bereit ist, ein Höchstes Anderes zu postulieren oder durch Offenbarung zu erfahren. Da Gott anders ist als die Menschen und die Geschichte, kann Gott der Geschichte Sinn verleihen – etwas, was die Geschichte niemals für sich selbst tun könnte.

Leider ist Gott im orthodoxen abendländischen Glauben ein wesensmäßig Anderes, das vom Menschen durch eine unüberwindliche Grenze und Schranke getrennt ist. Gott und der Mensch sind für ewig geschieden, beide sind nicht –

wie im Hinduismus und Buddhismus – im letzten Sinne eins und identisch. Der einzige Kontakt zwischen Gott und dem Menschen erfolgt durch den Alten und Neuen Bund, durch gegenseitige Versprechungen. Gott verspricht, über sein auserwähltes Volk zu wachen, das ihm dafür verspricht, ‚keine anderen Götter neben ihm zu haben'. Gott verspricht seinem Volk seinen Eingeborenen Sohn, und das Volk verspricht, Gottes Wort zu befolgen.

Es gibt jedoch eine stark verfeinerte Sicht der Beziehungen zwischen der Menschheit und dem Göttlichen. Leibniz hat für sie den Ausdruck ‚Ewige Philosophie' geprägt. Sie bildet den esoterischen Kern von Hinduismus, Buddhismus, Taoismus, Sufismus und der christlichen Mystik.

Das Wesentliche der Ewigen Philosophie läßt sich wie folgt zusammenfassen: Es ist wahr, daß es irgendeine Art von Unendlichem, irgendeine Form von Absoluter Gottheit gibt. Man darf sie sich aber nicht als kolossales Wesen, als liebenden Vater oder einen außerhalb seiner Schöpfung, den Dingen, Ereignissen und den Menschen stehenden großen Schöpfer vorstellen. Am besten stellt man sie sich metaphorisch als den Urgrund, das Sosein oder die Voraussetzung aller Dinge und Geschehnisse vor. Die Gottheit ist nicht ein von allen endlichen Dingen getrenntes Großes Ding, sondern eher die Realität, das Sosein oder der Urgrund aller Dinge.

Ein Wissenschaftler, der sich über die Annahme der Existenz eines ‚Unendlichen' mokiert, andererseits aber ungeniert die ‚Naturgesetze' preist, gibt damit, ohne es zu merken, religiösen und erhabenen Gefühlen Ausdruck. Nach der Ewigen Philosophie wäre es akzeptabel, vom Absoluten symbolisch als der *Natur* aller Naturen zu sprechen, der *Vorbedingung* aller Vorbedingungen (sagte nicht schon der heilige Thomas, Gott sei *natura naturans!*). Dabei sollte aber beachtet werden, daß Natur nicht etwas *anderes* ist als alle Lebensformen. Natur ist nicht etwas außerhalb der Berge, Adler, Flüsse oder Menschen, sondern etwas, das durch die Fasern von allem und jedem fließt.

In derselben Weise ist das Absolute – als die *Natur* aller Naturen – nicht etwas von allen Dingen und Ereignissen Getrenntes. Das Absolute ist nicht das Andere, sondern durchdringt gewissermaßen das Gewebe von allem, was ist.

„Ein menschliches Wesen ist ein Teil des Ganzen, das wir ‚Universum' nennen, ein Raum und Zeit begrenzter Teil. Es erfährt sich selbst, seine Gedanken und Gefühle als etwas von allem anderen Getrenntes – eine Art optische Täuschung seines Bewußtseins. Diese Täuschung ist für uns eine Art Gefängnis, das uns auf unser persönliches Verlangen und unsere Zuneigung für einige wenige uns nahestehenden Personen beschränkt. Unsere Aufgabe muß es sein, uns aus diesem Gefängnis zu befreien." (Einstein)

Nach der Ewigen Philosophie ist diese „Entdeckung der Ganzheit", die Beseitigung der optischen Täuschung des Getrenntseins, kein bloßer Glaube und auch kein Dogma, das man akzeptiert, weil man daran glaubt. Im Gegensatz zu Felsen, Pflanzen oder Tieren haben menschliche Wesen – weil sie *bewußt* leben – die Fähigkeit, diese Ganzheit zu entdecken. Sie können das Absolute erfahren. Es ist so, als werde sich eine Meereswelle plötzlich ihrer selbst bewußt und entdecke dadurch, daß sie eins ist mit dem Ozean und auch eins mit allen anderen Wellen, da sie alle aus Wasser bestehen. Das ist das Phänomen der Transzendenz – oder Erleuchtung oder Befreiung oder Moksha oder Wu oder Satori. Das meinte Plato, wenn er davon sprach, man steige aus der Höhle der Schatten nach oben und finde das Licht des Seins; oder wenn Einstein die Hoffnung äußerte, der Täuschung des Getrenntseins zu entkommen. Das ist auch das Ziel der buddhistischen Meditation, des hinduistischen Yoga und der christlichen mystischen Kontemplation. In dieser gradlinigen Anschauung gibt es nichts Spukhaftes, Okkultes oder Fremdartiges.

Nähern wir uns dem Sinn der Geschichte aus unserer neuen Sicht der ‚Ewigen Religion', dann ist die Geschichte nicht die Erzählung von der Entfaltung eines Paktes zwischen dem Menschen und Gott, sondern der Entfaltung der

Beziehungen zwischen dem Menschen und der Höchsten Ganzheit. Da diese Ganzheit mit dem Bewußtsein in Übereinstimmung ist, können wir auch sagen: Geschichte ist die Entfaltung des menschlichen Bewußtseins. Sie bewegt sich nicht auf den Tag des Jüngsten Gerichts zu, sondern in Richtung auf jene Höchste Ganzheit. Diese ist nicht nur die *Natur* aller Naturen, sondern auch das vollendete und höchste Potential des menschlichen Bewußtseins selbst. In diesem Sinne ist Geschichte ein langsamer und mühsamer Pfad zur Transzendenz.

10. Die Große Kette des Seins

Im Sinne der Ewigen Philosophie folgt dieser Pfad der Transzendenz der sogenannten „Großen Kette des Seins" einer universalen Aufeinanderfolge hierarchischer Ebenen wachsenden Bewußtseins. Die Große Kette des Seins bewegt sich, um abendländische Begriffe zu benutzen, von der Materie zum Körper, zum Verstand (Geist), zur Seele, zum *GEIST*. Aus dieser Sicht ist Geschichte im wesentlichen die Entfaltung jener Reihenfolge immer höherer Strukturen, beginnend mit der untersten (Materie und Körper) und endend mit der höchsten (*GEIST*, Höchste Ganzheit).

Auf die Geschichte der Menschheit bezogen, läßt sich die Große Kette des Seins wie in Abbildung 2 darstellen:

Die Abbildung hat die Form eines Kreises, vor allem, weil dies eine kompakte Darstellung erlaubt. Das bedeutet nicht, daß die niedrigste Stufe (1) und die höchste Stufe (8) ineinander übergehen; das tun sie nicht. Man stellt sich am besten vor, daß die Stufen 1 bis 8 nacheinander höher aufsteigen, so daß jede Stufe im Verhältnis zur vorhergehenden eher der Sprosse einer Leiter als der Speiche eines Rades gleicht. Die verschiedenen Ebenen sind vertikal hierarchisch, und, obwohl sie letztlich alle aus dem Absoluten

Abb. 2

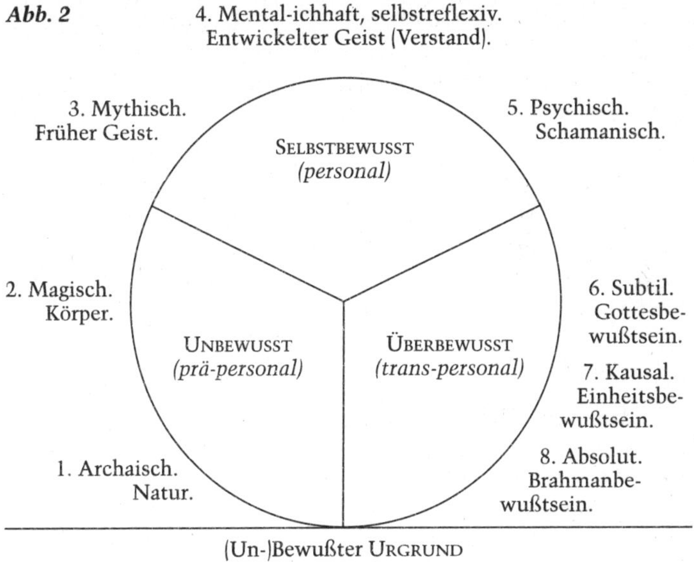

hervorgehen, sind sie zwischenzeitlich Stufen auf dem Wege zurück zum Absoluten.

Diese umfassende Bewegung von der Materie zum Körper, zum Geist (Verstand), zur Seele und zum *GEIST* macht das gesamte abstrakte Skelett der Geschichte aus, vom Anfang bis zum Ende. Wir wollen uns hier jedoch vor allem mit der Bewegung von der Natur zum Körper, von da zum frühen und schließlich zum entwickelten Geist befassen (Ebenen 1 bis 4), weil letzterer die höchste Stufe ist, bis zu der sich das *durchschnittliche* menschliche Bewußtsein in der Geschichte bisher entwickelt hat. Wie Plotin sagte: Wir sind erst halb entwickelt – und dieses Buch ist vor allem ein Überblick über die erste Hälfte der Entwicklung.

Dennoch werden wir auch die höheren Stufen der Evolution des öfteren erwähnen, die zu den Bereichen der Seele des *GEISTES* und der Höchsten Ganzheit führen (Ebenen 5 bis 8). Wir werden das tun, weil einzelne hochentwickelte Individuen es während aller Stufen der bisherigen Menschheitsgeschichte geschafft haben, sich erheblich über ihre

Zeitgenossen hinaus zu entwickeln, bis zu den überbewußten Bereichen: Propheten, Heilige, Erleuchtete, Schamanen – also Seelen, die als wachsende äußerste Spitzen des menschlichen Bewußtseins die höheren Ebenen des Seins durch Ausweitung und frühreife Evolution ihres eigenen Bewußtseins entdeckten.

Ich werde also zwei parallele Stränge der Evolution aufzeigen, wie sie *historisch* in Erscheinung traten: den der *durchschnittlichen* und den der *fortgeschrittensten* Ebene des Bewußtseins. Beim ersten handelt es sich um die Evolution durchschnittlicher Erfahrung und Bewußtwerdung, die von Ebene 1 bis Ebene 4 aufsteigt. Beim zweiten geht es um die *korrelative* Evolution fortgeschrittener, die wachsende Spitze repräsentierender oder „religiöser" Erfahrung, die sich von Ebene 5 bis zur Ebene 8 bewegt.

Auch die höheren Stufen der Evolution in Richtung auf integrale Ganzheit und *GEIST* werden zur Sprache kommen, weil der *Geist* nicht nur die letzte Stufe der Evolution darstellt, sondern zugleich der immerwährende Urgrund der Evolution ist. Wie erwähnt, ist diese Höchste Ganzheit die *Natur* aller Naturen, die *Vorbedingung* aller Vorbedingungen. Das soll heißen: Wir bewegen uns nicht nur auf jene Ganzheit zu, sondern sind auch aus ihr entstanden und werden stets von ihr umfangen sein – paradoxerweise. Die höchste spirituelle Ganzheit *ist* die Höchste Ganzheit des menschlichen Bewußtseins und war an keinem Punkt der Geschichte oder Evolution nicht vorhanden.

Als Urgrund, Quelle und Wesen aller Manifestationen ist dieser Höchste Geist der letzte Bezugspunkt aller Geschichte, der menschlichen wie der sonstigen. Und aus diesem Grunde kann keine Darstellung der Evolution – selbst wenn sie sich grundsätzlich nur mit deren „erster Hälfte" befaßt – eine wirklich ausreichende Erklärung bieten, wenn sie nicht auf das verweist, was Hegel die „Phänomenologie des Geistes" genannt hat. Denn, um es nochmals zu wiederholen: Geschichte erzählt von der Entfaltung des Bewußtseins *(Geistes)*, einer Entfaltung, die die Höchste

Ganzheit zum Ausgangspunkt hat und auch wieder zu ihr zurückkehrt. Diese Höchste Ganzheit ist ständig gegeben, wird aber selten entdeckt. Sie ist das Wesen aller Menschen, schläft jedoch in den Tiefen der Seele.

Geschichte ist der Bericht von den Beziehungen der Menschheit zu ihrem tiefsten Wesen, das sich in der Zeit entfaltet, aber in der Ewigkeit gründet. Geschichte hat einen Sinn, weil sie auf dieses *Ganze* hinweist. Und Geschichte kann sich erfüllen, weil dieses *Ganze* voll und ganz wiederentdeckt werden kann.

11. Das Atman-Projekt

Die immerwährende Höchste Ganzheit, die sich in jedem Menschen manifestiert, nennen wir Atman (wie die Hindus es tun) oder Buddha-Wesen (wie die Buddhisten es tun) oder Tao oder *Geist* oder *Bewußtsein* (Überbewußtsein) oder aber Gott – letzteres allerdings seltener, da sich so viele irreführende Assoziationen mit diesem Begriff verbinden.

Da Atman ein integrales *Ganzes* ist, außerhalb dessen nichts existiert, umfaßt es allen Raum und alle Zeit und ist damit selbst raumlos, zeitlos, unendlich und ewig. Das „Unendliche" meint in der Ewigen Philosophie nicht etwas außerordentlich Großes, sondern jenen *raumlosen* Urgrund, der allen Raum einschließt und ihm zugrundeliegt, so wie ein Spiegel allen von ihm reflektierten Objekten zugrundeliegt und sie umfaßt. Gleichermaßen bedeutet „Ewigkeit" nicht eine sehr lange Zeit – sie ist der *zeitlose* Urgrund, der jeder Zeit zugrundeliegt und sie umfängt.

Gemäß der Ewigen Philosophie ist das Wahre Selbst oder das Buddha-Wesen *nicht* immerwährend und dem Tode trotzend; es ist vielmehr *zeitlos* und transzendent. Befreiung bedeutet nicht immerwährendes Fortbestehen in irgendeiner Art von goldverbrämtem Himmel, sondern unmittelbares Gewahrsein des zeit- und raumlosen Urgrunds allen Seins. Dieses Gewahrsein zeigt dem einzelnen nicht, daß er unsterblich ist – was er eindeutig nicht ist. Es zeigt ihm vielmehr, daß er dort, wo seine Psyche mit dem zeitlosen Urgrund in Berührung kommt und sich mit ihm überschneidet, mit dem Universum eins wird – so sehr sogar, daß er auf dieser Ebene das Universum ist. Die Entdeckung, daß das eigene tiefste Wesen mit dem All eins ist, befreit den Menschen von der Last der Zeit, der Ängste und Sorgen, von den Ketten der Entfremdung und der Isoliertheit. Die Erkenntnis, daß das Selbst und das Andere eins sind, befreit von der Lebensangst. Die Einsicht, daß Sein und Nichtsein eins sind, befreit von der Todesangst.

Jedes Individuum spürt ständig, daß seine Vor-Natur unendlich und ewig, Alles und Ganzheit ist – es besitzt also eine wahre Atman-Intuition. Gleichzeitig jedoch empfindet es Furcht vor der tatsächlichen Transzendenz, denn Transzendenz erfordert den „Tod" seines isolierten und separaten Ich-Empfindens. Das Individuum will von seinem separaten Ich nicht lassen und will es nicht sterben lassen. Daher kann es die große Erfüllung in der integralen Ganzheit nicht finden. Es klammert sich an sein Ich und hält damit Atman fern; es verleugnet das übrige Universum durch Festhalten am eigenen Ich.

Weil der Mensch mehr als alles andere reale Transzendenz wünscht, den notwendigen Tod seines separaten Ich-Empfindens jedoch nicht akzeptieren will, sucht er Transzendenz auf eine Weise zu erlangen, die sie in Wahrheit *verhindert* und symbolische Ersatzlösungen erzwingt. Dieser Ersatz nimmt die verschiedensten Formen an: Sex, Essen, Geld, Ruhm, Wissen, Macht.

Alles, was der Mensch will, ist Atman; aber alles, was er findet, sind Ersatzbefriedigungen. Daher ist das menschliche Verlangen so unersättlich. Statt mit dem Kosmos eins zu sein, hat er den Wunsch, den Kosmos zu beherrschen. Statt mit Gott eins zu sein, versucht er, selbst Gott zu spielen.

Den Versuch, Atman-Bewußtsein auf eine Weise zu gewinnen, die dieses verhindert und nur zu symbolischen Ersatzbefriedigungen führt, nenne ich das Atman-Projekt.

Es ist das *unmögliche* Verlangen, das individuelle Ich möge unsterblich, kosmozentrisch und allbedeutend sein.

Bis zur endgültigen Auferstehung des *Selbst* im Überbewußtsein wird das falsche, individuelle und getrennte Ich von zwei Haupttriebkräften bewegt: die eigene Existenz zu verewigen (Eros) und alles zu vermeiden, was zu seiner Auflösung (Thanatos) führen könnte: Das sind die positiven und die negativen Seiten des Atman-Projekts – Eros und Thanatos, Leben und Tod, Vishnu und Shiva. Dieser Kampf zwischen Leben und Tod, Eros und Thanatos, ist jedem Ich inhärent und bewirkt seine Ängste, ein urtümliches Angstgefühl, das nur durch Transzendenz in die Ganzheit beseitigt wird.

Die Leugnung des Todes, dieses panische Davonlaufen von Thanatos, ist der springende Punkt der „negativen" Seite des Atman-Projekts; seine Rolle bei der Gestaltung der Kultur war überragend und allumfassend. Im Grunde ist Kultur die Art und Weise, wie sich das separate Ich zum Tod verhält – jenes Ich, das dazu verdammt ist zu sterben, dies auch weiß und sein Leben lang bewußt oder unbewußt versucht, es zu leugnen. Zu diesem Zweck konstruiert es sich ein subjektives Leben, manipuliert es und schafft „dauerhafte" und „zeitlose" kulturelle Objekte als äußere und sichtbare Zeichen einer erhofften Unsterblichkeit. Daher konnte Rank alle Gesellschaften auf der einfachen Grundlage ihrer „Unsterblichkeitssymbole" klassifizieren, konnte Becker darauf hinweisen, daß „Gesellschaften genormte Systeme der Todesleugnung sind", da „jede Kultur eine Lüge hinsichtlich der Möglichkeiten des Sieges über den Tod" sei. Das Atman-Projekt ist ein Ersatz für Atman, enthält jedoch auch den Antrieb, Atman wiederzuerlangen. Ich will versuchen aufzuzeigen, daß es letzten Endes das Atman-Projekt ist, das die Geschichte, die Evolution und die individuelle Psyche in Gang hält. Und erst wenn das Atman-Projekt sein Ende gefunden hat, wird das wahre Atman-Bewußtsein hervortreten. Das ist dann auch das Ende der Geschichte, das Ende der Entfremdung und die Auferstehung des überbewußten Alls/Universums.

Die Stufen der Entwicklung[1]

12. Vor langer Zeit im Garten Eden – die archaische Stufe

Die modernen Entwicklungspsychologen beschreiben den Bewußtseinszustand des Neugeborenen als undifferenzierte Matrix. Individuum und Welt sind noch nicht getrennt; es gibt weder Zeit noch Raum noch Grenzen. So ähnlich hat wahrscheinlich der Urmensch bis etwa 200 000 Jahre vor Christi Geburt gelebt: „ohne Unterscheidung zwischen innerer Erfahrung und äußerer Natur, ohne Gedanken, ohne Sprache, in einer Zeit vor der Zeit, ohne wirkliches Begreifen des Todes und darum wohl auch ohne wirkliche Existenzangst; allmächtig in seinem Nichtwissen." Dies ist der Hintergrund der Mythen vom Garten Eden, vom Paradies.

Ist dieses Paradies dasselbe wie die Einheit im höchsten Bewußtsein, im Atman/Brahman der Hindus, im Tao Laotses oder in der ‚unio mystica' der Christen, wie manche Religionswissenschaftler behaupten? Oder ist die Sehnsucht nach Einheit nichts anderes als die Neigung zur Regression, zum Rückzug in den frühkindlichen Zustand, wie die Psychoanalytiker glauben? Nein: das Neugeborene lebt in der Einheit, aber unbewußt. Die Einheit im Tao aber ist das äußerste an Bewußtheit, sie umschließt alle vorhergehenden Bewußtseinsstufen. Die Entwicklung geht also vom Unbewußten über das Bewußte zum Überbewußten, vom Praepersonalen über das Personale zum Transpersonalen. Und es ist ein langer und mühsamer Weg.

Zunächst einmal ißt Adam vom Baum der Erkenntnis und wird ob dieses Sündenfalls aus dem Paradies (des Unbewußten) verstoßen. Ein ‚Fall'? ‚O notwendige Sünde Adams',

[1] Im Gegensatz zu allen anderen Kapiteln dieses Buches, die zwar gekürzt sind, aber den Wortlaut Wilbers beibehalten, sind die Stufen der Entwicklung von der Hrsg. formuliert. Wörtliche Wilberzitate stehen in Anführungszeichen.

heißt es in der geheimnisvollen katholischen Liturgie des Karsamstags, und alle Heldengeschichten beginnen mit der Trennung des Helden von seiner Heimat. Auf englisch heißt Wilbers Buch über die Menschheitsgeschichte ‚Up from Eden', aufwärts von Eden. Der Mensch löst sich – er muß sich lösen – Schritt um Schritt aus der ursprünglichen Einheit und gewinnt Bewußtsein und Individualität. Aber das hat seinen Preis. „Die Tiere sind sterblich, aber sie begreifen diese Tatsache nicht ganz. Die Götter sind unsterblich, und sie wissen das. Der armselige Mensch jedoch wurde zu einer unglückseligen Mischung. Er ist sterblich, und er weiß es." Je verständiger er wird, desto mehr wird er sich auch seines vom Tode gezeichneten Schicksals bewußt, desto mehr Angst erlebt er.

13. Das Zeitalter des Typhons – die magische Stufe

Vom zweiten Lebensmonat ab lernt das Neugeborene, vage zwischen sich und der Umwelt zu unterschieden. Aber noch bleibt es symbiotisch mit der Mutter verbunden; sie ist weitgehend seine Welt. Und es ist eine körperliche Welt.

So ähnlich bleibt wohl auch beim frühen Menschen „Ich und Umwelt vermischt, obwohl es sich von ihr unterscheidet. Die erkennenden Vorgänge verwechseln in dieser Phase nicht nur Subjekt und Objekt, sondern auch Ganzes und Teil. Dieser grobe aber faszinierende Zustand wird hervorragend durch die mythischen Wesen der Titanen, Abkömmlinge der Göttin Gaia, repräsentiert, deren jüngster Sohn Typhon war. Wie archaisch, magisch und furchteinflößend das Körper-Ich war, zeigt eine Zeichnung aus den paläolithischen Höhlen von Trois Frères in Frankreich. Es stellt eine von ihrer Umwelt unterschiedene Wesenheit dar, doch ist dieses Wesen auf magische Weise aus allen möglichen Arten vermengter Teile zusammengesetzt. Es ist ein ‚Mensch', aber einer, der noch mit anderen Körpern aus der Natur, mit Hirsch, Eule, Bär oder Löwe ist. Er ist typhonisch."

Abb. 3 Der Zauberer von Trois Frères – die typhonische Struktur, in der der Mensch und die verschiedenen Formen der Natur noch nicht differenziert, sondern magisch verschmolzen sind, ist offensichtlich.

Vermutlich erleben Kinder in diesem Stadium die Welt so wie Erwachsene ihre Träume als eine Reihe von Bildern. In einem ähnlich magischen Gemütszustand lebten wahrscheinlich auch unsere Vorfahren, als sie die urzeitlichen Höhlen mit ihrem Jagdzauber bemalten. Konnte man das Bild des Mammuts treffen, traf man auch das reale Tier. Dies ist die phantastisch-emotionale oder magische Phase.

14. Mythische Gruppenzugehörigkeit – die mythische Stufe

In der nächsten Stufe, der verbalen oder mythischen, kommt Wesentliches hinzu: die Sprache. Sprechen und sprachlich denken zu können (nicht wie zuvor in Bildern) ist ein großer Schritt zur Unabhängigkeit von der unmittelbar gegenwärtigen Welt. Der kleine Mensch kann nun Vergangenheit erinnern, Zukunft antizipieren und sein eigenes Tun entsprechend gestalten. Er ist nicht mehr völlig von seinen Triebwünschen beherrscht, kann sie auf später verschieben. Und er pflegt und verteidigt diese neue Unabhängigkeit. ‚Will nicht' und ‚selber machen' werden wichtige Vokabeln, nicht zuletzt bei der Sauberkeitserziehung, womit die Erwachsenen ihm ihre ersten Spielregeln beibringen. Er lernt, was Piaget ‚Realitätswahrnehmung' und Freud den ‚Sekundärprozeß' nennt. Aber noch denkt er nicht kausal und logisch.

Die Parallele in der Menschheitsgeschichte: Um das zehnte vorchristliche Jahrhundert entdeckte der Mensch den Ackerbau.

Das setzt Sprache voraus. Zeitgefühl, die Fähigkeit zu längerer Planung und gemeinschaftlichem Handeln. Mit der Sprache konnte auch kulturelle Tradition entstehen – ein großer Entwicklungssprung in eine neue, höhere Realität. Der Ackerbau brachte Überschuß; die Menschen erfanden das Geld, entwickelten neue, spezialisierte Berufe und Klassen – Priester, Verwalter, Lehrer – Kalender, Mathematik und Schreibkunst entstanden und auch große Machtstrukturen in den Stadtstaaten des nahen Ostens, in den Dynastien an Euphrat und Nil.

Mit der schon erstaunlich verfeinerten und eleganten Kultur des Niltals entstand auch ein Totenkult von ungeheuren Ausmaßen: der ‚ägyptische Wahnsinn'. Zunächst genügte dem Menschen noch Magie, um seine Todesangst zu bewältigen, jetzt verdrängt er das Bewußtsein der eigenen Sterblichkeit mit dem Bau von Pyramiden. Die eigentliche Sehnsucht der Menschheit richtet sich auf ‚Atman', auf die Einheit mit dem höchsten Bewußtsein. Dies wird auf keiner der Vorstufen wirklich erreicht. Und so verdrängen die Menschen das Bewußtsein der eigenen Sterblichkeit mit Ersatzlösungen für Unsterblichkeit, mit Besitz, Macht und Pyramiden – mit ‚Atmanprojekten'.

Die Mythologie dieser Zeit zeigt noch einen anderen Zusammenhang. Zu Beginn der Menschheitsentwicklung gibt es fast ausschließlich Muttergottheiten. Die chthonische Mutter, die Erde, gebiert, ernährt und – empfängt die Toten wieder in ihrem Schoß. Das Herzstück ihrer Mythologie ist das rituelle Blutopfer, zunächst ein Menschenopfer, oft ritueller Königsmord. Das ‚Stirb und Werde' der Jahreszeiten ist darin und auch die Verbindung von Blut und Fruchtbarkeit. Man schuldet der großen Mutter gewissermaßen einen Tod, um selbst Leben und Fruchtbarkeit zu erlangen. Die Könige fanden für den rituellen Mord bald Stellvertreter: Jungfrauen, Tiere. Und von dieser Zeit an erfahren wir auch von Kriegen: „Wenn ich Dich töte, gewinne ich Leben, Macht und eine fruchtbare Zukunft." Die Getöteten sind Ersatzopfer. Menschlicher Haß – viel kälter und grausamer als der tierische – ist Produkt dieses Denkens.

15. Das solare Ego – rationale Stufe

Etwa ab 2500 v. Chr. beginnt eine neue Stufe, die mental-ichhafte. Ihr Bild in der Mythologie: Männliche Götter tauchen auf, die nicht nur untergeordnete Gefährten der Großen Mutter sind. Der Kampf gegen die Natur ist nicht mehr aussichtslos, die Große Mutter nicht mehr unweigerlich Siegerin. Helden befreien sich von dem dunklen Ungeheuer und gewinnen einen großen Schatz: das Ich, die Fähigkeit zu kausalem, logischen Denken. „Das Licht der apollinischen Vernunft geht auf" und macht unsere abendländische Kultur möglich. Der endgültige Ausbruch aus der unbewußten Bindung an Natur, Kosmos und Körper war jedoch bitter schwer und erzeugte bis dahin ungekannte Rachegefühle gegen die frühere Stufe. „Die Große Mutter wurde nicht nur transzendiert, was wünschenswert war, sondern verdrängt, was sich verheerend auswirkte." Der Geist begann, die Natur zu unterwerfen und zu zerstören, lernte auch das eigene Stück Natur, den Körper, ‚Bruder Esel' verachten. Der Krieg zwischen Verstand und Instinkt beginnt.

In der Individualentwicklung ist dies die Phase, in der das Kind sein eigenes Geschlecht, seine eigene Identität entdeckt. Und dies führt geradewegs zur ersten unglücklichen Liebe: Das kleine Mädchen fühlt sich vom Vater, der kleine Junge von der Mutter angezogen, aber beide haben im gleichgeschlechtlichen Elternteil einen großen Rivalen. Das Kind steht nicht mehr nur einer anderen Person, der Mutter gegenüber, sondern muß sich mit beiden Eltern auseinandersetzten – die Phase des Freudschen Ödipuskomplexes. Ihre Hauptkränkung ist für Wilber Ausgeschlossensein aus wesentlichen Gemeinsamkeiten der Eltern, ihre Hauptentwicklungsaufgabe die Überwindung der mißlichen Situation, ihre Transzendenz ins Mentale. Ödipus, das ist für Wilber der tragische Held, der vom Naturhaft-Mütterlichen nicht los kann.

Das Kind entwickelt nun auch vollends sein Über-Ich, das heißt, es nimmt die Verbote und Ideale seiner Umwelt, vor allem die seiner Eltern, in sich auf, entwickelt moralische Maßstäbe und plagt sich mit Schuld- und Schamgefühlen, wenn es diesen Maßstäben nicht genügt. Das eingeschränkte Selbst des normalen Mitteleuropäers, dem wir bei der Darstellung des ersten Spektrumsentwurfes begegneten, ist entstanden.

Die neue Entwicklungsstufe ist deutlich patriarchalisch bestimmt. Zum Teil ist das für Wilber natürlich: Die traditionelle Definition des Weiblichen ‚naturhaft, bewahrend, intuitiv, passiv' und die korrespondierende männliche ‚rational, logisch, aktiv, aggressiv' ist für ihn desto zutreffender, je näher der Mensch noch seiner Körperlichkeit steht, und wird um so irrelevanter und irreführender, je mentaler, je geistiger er wird. Schlimm findet er, daß die Frau – ‚mulier taceat in ecclesia' – von der mentalen Kommunikation und damit von der Entwicklung eigener Geistigkeit ausgeschlossen wurde. Von der neuen Entwicklung einer ‚mentalen Femininität' erhofft Wilber sich nun den Ausgleich maskuliner Einseitigkeit und Stagnation im Verstandesmäßigen. Weibliche Weisheit, die große Göttin Sophia oder Sapientia, wird zur Führerin.

Generell erweitert die neue Ich-Struktur die menschlichen Möglichkeiten ungemein. Das rationale Begreifen ermöglicht Wissenschaft und Technik; eine neue Moral und damit auch ein neues Rechtswesen kann entstehen; die neue Eigenständigkeit kann zu einem Austausch führen, der auf gegenseitiger Achtung beruht, zu Demokratie also; der Mensch kann sich seiner selbst inne werden, über sich selbst reflektieren. Und damit wird er auch verwundbarer, schuldiger und mit noch mehr Todesängsten als zuvor erfüllt.

Diese Ängste fordern Kompensation. Mit dem Auftauchen des solaren Ichs tauchen auch Tyrannen auf, die ihre Feinde mit bisher nie dagewesener Grausamkeit verfolgen. Unterdrückung, Verdrängung, Ungleichheit und Ungerechtigkeit sind die ichhaften Formen des Atman-Projektes. Gleichheit ist für das solare Ego nicht akzeptabel, denn, „wenn jedermann die gleiche Menge und Art sichtbarer Unsterblichkeitssymbole besitzt, dann verfehlen diese Symbole ihren tröstenden Zweck, dann sind wir alle gleichermaßen unsterblich, was so viel heißt, daß keiner von uns unsterblich ist".

Folgt man Buddha, so entstehen Haß und Aggression überall dort, wo es Anhaften (Festhalten und Ergreifen) gibt; in diesem Sinne ist Aggression Verteidigung des Eigentums. „Als einziges aller Tiere besitzt der Mensch Eigentum an seiner Person und damit eine neue Form der Aggression. Die Menschheit wird diese Art mörderischer Aggression nie aufgeben, ehe sie nicht den Besitz aufgibt, den man Persönlichkeit nennt – das heißt, ehe sie nicht zur Transzendenz erwacht. Bis dieser Zeitpunkt gekommen ist, werden Schuld, Mord, Eigentum und Person stets Synonyme bleiben."

Eine Entwicklung der Menschheit über die Person hinaus – woher weiß Wilber, daß es sie gibt und wohin sie führt?

16. Schamanen, Heilige und Weise – die transpersonalen Stufen und die Moderne

Persönliche Erfahrung und die Erfahrung der ‚Helden' der Menschheitsgeschichte – der wenigen einzelnen, Propheten, Heiligen, Weisen, die sich in jeder Epoche über ihre Stufe hinaus entwickelt haben – sind ihm Wegweiser. Diesen „Wachstumsspitzen des Bewußtseins" spürt Wilber in jeder Epoche nach. Bei den Schamanen wird das Transpersonale zum ersten Mal sichtbar: Es mag viel Hokus Pokus dabei sein, heute und auch damals schon, aber einige dieser Schamanen hatten wohl schon in der magischen Stufe in ekstatischen Trancezuständen den Zugang zu paranormalen Kräften – Hellsehen, Heilen – und nutzten sie. In der nächsten Epoche, der verbalen, mythischen, gab es einzelne, die hinter der blutdürstigen Großen Mutter die Große Göttin verehrten: „Geliebte und Herrin der Elemente, Ursprung aller Welten, Herrin über alle göttlichen Kräfte ... unter allen Göttern und Göttinnen diejenige, die allein und nur in einer Form so manifestiert ist" – das ist die Isis der Ägypter. Sie fordert keine Blutopfer, sondern die Transzendenz des persönlichen Ich, ein Opfer, das sich im Herzen abspielt. Ihre Adoranten konnten sich derselben äußeren Rituale bedienen wie bei der Großen Mutter, aber neben deren exoterischer Verehrung durch die Masse der Menschen tritt nun eine esoterische Religion im Herzen der wenigen.

Die am höchsten entwickelten Seelen in der mental-ichhaften Periode – Christus, Buddha, Krishna, Laotse – dringen dann in den Bereich jenseits des persönlichen Gottes, den Bereich der unmanifestierten Leere ein. Ihre Einsicht reicht weit über alles hinaus, was es vor der mental-ichhaften Periode gegeben hat. Christus sagt: „Ich und der Vater sind eins." Wahrscheinlich war der wesentliche Gehalt der Lehre

Christi – die Evangelien der Nag Hammadi Bibliothek legen das nahe – reine Gnosis: „Gib die Suche auf nach Gott, der Schöpfung und anderen Dingen. Suche ihn, indem Du Dich selbst als Ausgangspunkt nimmst. Erfahre, wer Du im innersten bist ... Dich selbst kennen, heißt Gott kennen." Das höchste Ich und das Göttliche sind identisch. Das gnostische Verständnis faßte jedoch im Abendland nie wirklich Fuß. „Ein Gott jenseits von Gott hätte das Ende der Macht der ersten Bischöfe und Bankier-Priester bedeutet", und der Menge der Gläubigen im Abendland schien die gnostische Religion schlicht falsch. Im Osten war das Streben nach Atman, Tao oder dem Buddhawesen immer weit mehr als im Westen kulturell anerkannt. Zen-Meister D. T. Suzuki urteilte über die Verhältnisse im Abendland denn auch spöttisch: „Der Mensch ist gegen Gott, die Natur ist gegen Gott, und Mensch und Natur sind gegeneinander."

Die Chancen, daß die Menschheit in absehbarer Zeit diese Transzendenz erreicht, wie in der New-Age-Bewegung oft propagiert wurde, hält Wilber, der Vordenker der Transpersonalen, allerdings für gering. Die New-Age-Bewegung hält er sowieso für eine seltsame Mischung einer Handvoll wahrhaft transpersonaler Seelen mit Massen ‚präpersonaler Süchtiger', die er unfreundlich ‚transpersonale Landstreicher' nennt. Es gibt eine wachsende Minderheit, findet er jedoch, die sich ehrlich ein neues, höheres Bewußtsein zu erarbeiten versucht. Aber er ist keineswegs der Meinung, daß innerhalb des nächsten Jahrzehnts der wahre Geist über uns kommen wird. „Am gegenwärtigen Punkt der Geschichte würde eine radikale, durchdringende und die Welt erschütternde Transformation schon darin bestehen, daß jedermann sich zu einem wahrhaft reifen, rationalen und bewußten Ego entwickeln würde, einem Ego, das imstande wäre, frei am offenen Austausch gegenseitiger Achtung teilzunehmen. Damit würden wir ein wirklich neues Zeitalter erleben. Sollte der Holocaust uns alle verschlingen, dann wird das nicht beweisen, daß die Vernunft versagt hat, sondern hauptsächlich, daß sie noch nicht voll und ganz ausprobiert wurde."

Die individuelle Bewußtseinsentwicklung des Menschen, ihre Störungen und deren Therapie

Wilber hält sich auch hier an die Große Kette des Seins und unterteilt die Entwicklung in einen praepersonalen, einen personalen und einen transpersonalen Bereich, die jeweils noch drei Unterbereiche umfassen. Dabei entfaltet sich jede Stufe zunächst und umfaßt dann ihre Vorgänger. Diese werden nicht ausgelöscht, sondern überstiegen und bilden so die Basis der weiteren Entwicklung. Korrekterweise müßte man diesen Prozeß mit einer Reihe konzentrischer Kreise darstellen. Hier wird das Bild der Leiter benutzt; es ist übersichtlicher und stellt auch den Prozeß des Steigens anschaulicher dar. Es gibt also eine Leiter (die Stufen der Entwicklung) und einen Kletterer (das Selbst). Die Belohnung des Kletterns ist eine Aussicht, die sich auf jeder Stufe erweitert (ein umfassenderes Weltbild).

Das Klettern ist nicht ohne Gefahren. Man kann steckenbleiben, sich verletzen oder aus anderen Gründen nicht weiterkommen, man kann sich auch nicht genug festhalten und wieder zurückfallen. Die Entwicklung kann auf allen drei Ebenen mißlingen, auch auf der transpersonalen. Die höheren Ebenen sind um so mehr gefährdet, je instabiler die Basis ist. Umgekehrt können transpersonale Erlebnisse und die entsprechende Orientierung manches erleichtern, aber man kann die eigenen Ich-Entwicklungsstörungen oder Neurosen in aller Regel nicht in der Meditation absitzen; sie müssen im Bedarfsfall therapiert werden. Wilber schlägt für jede Ebene jeweils spezifische Therapiemöglichkeiten vor.

Wilber betont immer wieder, daß seine Stufenfolge nicht als Wertung gedacht ist, sondern als Wachstumsprozeß, als Weg zu immer größerer Ganzheit. Er hat auch nicht die Vorstellung, daß sich seine Stufen in der Praxis ganz klar trennen lassen. Ein rational denkender Mensch der personalen

Stufe kann zum Beispiel durchaus manchmal noch abergläubisch sein, was dem magischen Denken der praepersonalen Stufe entspräche, und gleichzeitig auch Offenheit für Transpersonales entwickeln. Die Stufeneinteilung bezieht sich jeweils auf den Schwerpunkt der Entwicklung eines Menschen, wobei durchaus auch Mischformen möglich sind. Transpersonale Erlebnisse bis hin zur Erleuchtung können prinzipiell auf allen Stufen vorkommen. Wenn ein Mensch in seiner Gesamtentwicklung jedoch noch nicht reif genug dafür ist, wird er sie kaum angemessen integrieren können. Man kann auch nicht damit rechnen, daß sich Entwicklungs- oder Therapieprozesse akribisch genau an diese Stufenfolge halten. Es gibt auch hier Vor- und Rückschritte, Spiralen, Stillstände und Sprünge.

In seinen ersten Büchern stützte Wilber sich, wo es um Psychologisches geht, vor allem auf die Analytische Psychologie C. G. Jungs, die humanistische Psychologie, die Körpertherapie Lowens. In seinem neuen Entwicklungsmodell erweiterte er die psychologische Seite ganz erheblich und integrierte sowohl Befunde der akademischen Psychologie (Piaget zur kognitiven Entwicklung, Kohlberg zur moralischen etc.) mit dem klassischen Freud und vor allem mit der modernen psychoanalytischen Ich-Entwicklungstheorie (Jacobsen, Mahler, Blanck und Blanck, Kernberg, Stone u. a.). Diese Synthese ist auch für Fachpsychologen etwas Besonderes. Und im transpersonalen Bereich war sie mutig; denn dort wurde bislang Akademisches eher kursorisch behandelt und Freud ist nicht eben persona grata. Das Wesentlichste jedoch war die Verbindung der westlichen wissenschaftlichen Psychologie und Psychotherapie mit den verschiedenen Weisheitslehren der ewigen Philosophie. Es war diese Publikation, nach deren Lektüre M. L. von Franz in Wilber einen modernen Thomas von Aquin sah.

Das folgende ist eine sehr gekürzte und vereinfachte Darstellung des Spektrums aus Wilber, Engler, Brown: Psychologie der Befreiung (dt. 1988 Scherz). Das Buch ist vergriffen. Ein vollständi-

ger Abdruck des Textes (ohne den Behandlungsteil) findet sich in Zundel/Fittkau: Spirituelle Wege und transpersonale Psychotherapie, Junfermann, 1989. Neue Varianten vor allem der transpersonalen Teile des Spektrums finden sich in Eros, Logos, Kosmos , Krüger 1997 und A Brief History of Everything Shambalah 1996. Der Gedankengang der Entwicklung des Zeugen stammt aus A Brief History of Everything.

17. Die praepersonale Phase

Die Entwicklung des Selbstgefühls

Das Selbstgefühl taucht beim Menschen in drei Stadien auf.

1) Das physische Selbst (0–1. Jahr);
2) das emotionale Selbst (1.–3. Jahr);
3) das geistige Selbst (3.–6. Jahr)

Obwohl das Kind mit einem physischen Körper geboren wird, hat es noch nicht das Gefühl, ein deutlich unterschiedenes physisches Selbst zu sein, getrennt von seiner Umwelt und seiner Umgebung. Es kann innen und außen, den Körper seiner Mutter und seinen eigenen noch kaum unterscheiden. Irgendwann im ersten Lebensjahr aber (im typischen Fall zwischen fünf und neun Monaten) lernt der Säugling, sein physisches Selbst von der physischen Umgebung zu unterscheiden. Dies bezeichnet man als Schlüpfen. Wenn diese Differenzierung nicht erfolgt – gewöhnlich auf Grund schwerer Traumata oder anderer verstörender Situationen – bleibt das Kind in seinem verschmolzenen Zustand stecken: Innen und außen werden verwechselt, halluzinatorische Denkprozesse, schwere Angst und Depressionen – Psychosen – können die Folge sein.

Ist erst einmal das psychische Selbst aufgetaucht und etabliert worden, beginnt das emotionale Selbst des Kindes zu erscheinen. Der Säugling hat vermutlich von Geburt an Emotionen, aber auch hier wieder kein deutlich unterschiedenes und getrenntes emotionales Selbst. Das Kind stellt sich vor, daß das, was es fühlt, auch von anderen gefühlt wird (man bezeichnet das als Narzißmus); seine emotionalen Grenzen sind noch sehr fließend und wankend.

Irgendwann zwischen dem ersten und dem dritten Lebensjahr (die Periode von 18–24 Monaten ist die kritischste) lernt das Kind, sein emotional-psychisches Leben von dem anderer (vor allem der Mutter) zu unterscheiden, und ein stabiles individuelles emotionales Selbst taucht auf. Mißlingt diese Trennung/Individuation, bleibt das Individuum mit sehr schwachen emotionalen Grenzen zurück. Dann hat die Welt die Tendenz, das Individuum zu überfluten, und verursacht Angst, Depression und schwere Denkstörungen – Borderlinepathologien.

Sobald das emotionale Selbst etabliert wurde, beginnt sich das geistige Selbst zu entwickeln, ein Prozeß, der durch den Spracherwerb beträchtlich gefördert wird. Es wächst besonders rasch vom dritten bis zum sechsten Lebensjahr. Das Kind lernt zu sprechen, zu denken und sein Verhalten geistig zu kontrollieren. Es lernt unter Umständen aber auch, daß einige seiner Gefühle und Verhaltensweisen (vor allem sexuelle und aggressive) für seine Umgebung unannehmbar sind, und versucht vielleicht, diese Gefühle loszuwerden oder zu verdrängen. Diese verdrängten Gefühle können dann in verkleideter und schmerzhafter Form als Neurosen wiederkehren.

Die Störungen in den drei ersten Stadien und ihre Behandlung

1) Autismus, schizophrene und depressive Psychosen

Es liegen klinische Nachweise dafür vor (Mahler, Kernberg), daß der wesentliche aetiologische Faktor dieser Störungen in einer sehr frühen Schädigung der Entwicklung liegt. Das Kind schlüpft nicht oder taucht nicht als sensoriphysisches Selbst auf, sondern verbleibt vielmehr in dem geschlossenen monadischen System der autistischen Phase oder verweilt in der allmächtigen dualen Einheit der symbiotischen Phase.

Die meisten Formen von schweren Psychosen reagieren nicht gut (wenn überhaupt) auf Psychotherapie trotz wiederholter und bahnbrechender Bemühungen auf dem Gebiet. Diese Störungen scheinen auf einer so primitiven Organisationsebene aufzutreten, daß nur eine Intervention auf einer ebenso primitiven Ebene wirksam ist, nämlich pharmakologisch oder physiologisch (was Psychotherapie als begleitende Behandlung nicht ausschließt).

2) Die narzißtische und die Borderline-Störung

Die wesentlichen Charakteristika des Narzißmus sind Grandiosität, extreme Beschäftigung mit dem Selbst und Mangel an Interesse und Einfühlung für andere. Der Patient mit einer narzißtischen Persönlichkeitsstörung strebt unablässig nach Perfektion in allem, was er ist, tut oder hat – Reichtum, Macht, Schönheit – und sucht andere Menschen, die seine Grandiosität widerspiegeln und bewundern. Hinter dieser Fassade liegen Gefühle der Leere, Wut und Neid. Hält man dem narzißtischen Individuum den Spiegel – seine Grandiosität – vor, reagiert es mit Empörung. Zu seinen typischen Abwehrmechanismen gehören auch Entwertung, Wiederverschmelzung, Verleugnung, Vermeidung, Abspaltung.

Im Unterschied zum narzißtischen kann ein Mensch mit Borderline-Struktur zwischen selbst und anderen unterscheiden. Aber diese Struktur ist so zart oder schwach, daß er ständig fürchtet, von anderen überflutet oder verlassen zu werden. Häufig findet sich hier eine Spaltung in ein hilfloses, abhängiges, willfähriges Teilselbst mit dem Abwehrmechanismus des Anklammerns und ein total wertloses, verdorbenes und abgrundböses Teilselbst mit dem Abwehrmechanismus des Distanzhaltens oder des Rückzugs. Verbunden mit dem willfährig-anklammernden Teilselbst sind nur gute, belohnende und beschützende andere, und verbunden mit dem verdorbenen-sich zurückziehenden Teilselbst sind nur böse, wütende, angreifende und rachsüchtige andere.

Das zentrale Problem bei den narzißtischen und Borderline-Syndromen besteht nicht darin, daß das Individuum gewisse Impulse oder Emotionen des Selbst verdrängt, sondern darin, daß es vor allem noch kein getrenntes, individuiertes Selbst besitzt. Dementsprechend besteht das Ziel auf dieser Ebene darin, Struktur aufzubauen, das heißt, dem Individuum bei der Wiederaufnahme und Vollendung des Trennungs- und Individuationsvorganges zu helfen.

Zur Illustration ein paar typische Therapeutenkommentare: Ist Ihnen aufgefallen, wie empfindlich Sie auf die leisesten Andeutungen reagieren? Es ist, als wollten Sie, daß die Welt alles, was Sie tun, perfekt spiegelt, und wenn sie das nicht tut, sind Sie verletzt und zornig (narzißtische Spiegelübertragung). Bisher haben Sie noch kein einziges böses Wort über Ihren Vater gesagt. War er wirklich ganz so gut? (Idealisierung). Was wäre, wenn Ihr Mann Sie verließe? Würde Sie das wirklich umbringen? (Angst vor Trennung und Verlassenwerden). Vielleicht sind Sie einer wirklich intimen Beziehung ausgewichen, weil Sie Angst haben, Sie würden verschlungen oder erstickt (Angst vor dem Verschlungenwerden).

Ein gemeinsames Merkmal strukturbildender Techniken ist, daß sie den Klienten bei der Erkenntnis helfen, daß sie sich selbst aktivieren oder Trennung und Individuation in Gang setzen können, ohne daß dies sie oder Menschen, die sie lieben, zerstört.

3) Die Psychoneurosen

Bei den autistischen, symbiotischen und narzißtischen Selbststrukturen steht im Grunde nur ein Spieler auf der Bühne. Das Selbst bemerkt den andern entweder nicht (autistisch), oder es ist mit dem andern verschmolzen (symbiotisch), oder aber es ist Teil einer allmächtigen Einheit (narzißtisch). Wenn diese monadische Struktur differenziert wird, dann tauchen das Selbst und der andere als zwei deutlich unterschiedene, wenn auch manchmal etwas schwache

Einheiten auf. Nun sind zwei Spieler auf der Bühne, das Selbst und der/die andere (Mutter), mit allen Freuden und Tragödien, die das beinhaltet. Kohut nennt dieses Stadium ‚tragischer Mensch'.

Im Alter von etwa 3–6 Jahren erwacht das Selbst zu seiner eigenen geschlechtlichen Identität, und nun kommen drei Spieler auf die Bühne: das Selbst, die weibliche Mutter und der männliche Vater. Diese Entwicklung macht die Situation unendlich viel reicher und komplizierter. Neue Fähigkeiten, neue Wünsche und Tabus, neue Objektbeziehungen, eine ganze Gruppe neuer Konflikte – all das drängt sich auf die Bühne und hat weitreichende Folgen.

Beim Übergang von der Dyade zur Triade taucht auch der konzeptuelle, gegenständliche Geist auf und differenziert sich vom Körper. Die Psychoneurosen stehen an jener großen Gabelung, wo das Bewußtsein beginnt, sich von einer eher körperlichen Existenz zu einer eher geistigen Existenz zu bewegen. Der Körper gehört der Natur, der Geist der Geschichte; der Körper dem Impuls, der Geist dem Verstand. Der Körper ist nur subjektiv; der Geist jedoch ist intersubjektiv und kann in kommunikativem Austausch die Rolle anderer Subjekte übernehmen. Der Körper stellt ein bloß gegenwärtig fühlendes Selbst dar; der Geist dagegen stützt das Selbst im zeitlichen Kontext.

Sobald sich eine ausreichend starke Selbststruktur gebildet hat (aber nicht früher), kann diese Struktur Aspekte ihrer eigenen Natur verdrängen, dissoziieren oder sich entfremden. Dieser gesamte Vorgang führt zu einer dreiteiligen Struktur des Selbst: Es, Ich, Über-Ich. Und es kann zum Krieg kommen: Über-Ich gegen Es (Hemmung), Es gegen Ich (Angst, Besessenheit), Über-Ich gegen Ich (Schuld, Depression). Kohut nennt dies den ‚schuldigen Menschen'.

Die aufdeckenden Techniken sind dazu entwickelt worden, die unbewußten und verdrängten Aspekte der Psyche wieder ins Bewußtsein zu bringen, wo sie in das zentrale Selbst reintegriert werden können. Zu diesen Techniken gehört die Psychoanalyse, ein großer Teil der Gestalttherapie und der ,den Schatten integrierende' Aspekt der jungianischen Therapie.

18. Die personale Phase

4) Der Regel/Rollen-Geist, seine Störungen und ihre Behandlung

Die meisten konventionellen psychodynamischen Theoretiker neigen dazu, ihre Aufzählung schwerer Pathologie mit den Psychoneurosen abzuschließen. Doch das erschöpft das Spektrum der Pathologie keineswegs. Zum Beispiel taucht die Entwicklung der Fähigkeit, die Rolle anderer zu übernehmen, erst im Alter von 7–8 Jahren in nennenswerter Weise auf, während das typische Alter der ödipalen Lösung bei 6 Jahren liegt. Man könnte also theoretisch den ödipalen Konflikt auf völlig normale und gesunde Weise lösen, nur um dann aus Gründen, die mit ödipalen Konflikten oder Belangen nichts zu tun haben, in Rollen- und Identitätskonfusion zu geraten. Diese Konflikte sind ihrer Natur und ihrem Ursprung nach sehr viel mehr kognitiv als psychodynamisch, weil das Selbst sich an diesem Punkt zunehmend von körperlichen zu geistigen Ebenen des Spektrums hin entwickelt.

Der Regel/Rollen-Geist ist die erste Struktur, die nicht nur eine Rolle imitieren, sondern tatsächlich die Rolle anderer übernehmen kann. Die Probleme drehen sich um den Wunsch, sich anzupassen, zugehörig zu sein, seinen Platz oder seine Rolle unter anderen Rollen zu finden, die Regeln zu verstehen. Dem entspricht die Angst, das Gesicht zu verlieren, die Rolle zu verlieren, die Regeln zu brechen. Der herausragende Abwehrmechanismus ist das ,double bind': man bekommt offen eine Botschaft übermittelt (z.B. ,Ich will nur dein Bestes'), verdeckt aber gleichzeitig eine andere (,Laß mich nicht allein'). Die doppelten Botschaften sind die enscheidenden pathogenen Strukturen dieser Ebene; im Extremfall führen sie zu einer inneren Spaltung.

Therapieformen sind hier die Transaktionsanalyse (Berne), Kommunikationstheorie (Watzlawick et al.) und Familientherapie.

5) Identität, Identitätsneurose, Introspektion

Auf dieser Ebene ist das Selbst nicht mehr so sehr an vorgegebene soziale Rollen und konventionelle Moral gebunden. Zum ersten Mal kann es sich auf seine eigenen Prinzipien von Vernunft und Gewissen stützen, seine eigene Zukunft konzipieren. Es wird ein Philosoph, ein Träumer im besten und höchsten Sinn, ein innerlich reflexiver Spiegel, staunend über seine eigene Existenz im Sinne von Descartes: ‚Cogito ergo sum'.

Identitätsneurose bezeichnet alles, was beim Auftauchen dieser Struktur schiefgehen kann. Ist die Struktur stark genug, um sich vom Regel/Rollen-Geist freizumachen und für ihre eigenen Gewissensprinzipien einzustehen? Kann sie, wenn nötig, den Mut fassen, nach einer anderen Melodie zu marschieren? Wird sie es wagen, selbst zu denken? Wird sie von Angst oder Depression erfaßt angesichts ihrer eigenen Möglichkeiten? Die Therapie ist hier Introspektion, Philosophieren und sokratischer Dialog.

6) Die existentielle Stufe, ihre Störungen und Therapie

Existentielle Konflikte gibt es auf allen Ebenen der Selbstentwicklung. Die existentielle Ebene im engeren Sinn bezieht sich auf eine bestimmte Entwicklungsebene, nämlich die der visionären Logik und des Zentauren. Der Zentaur ist ein Wesen, das Körperliches und Geistiges entwickelt und integriert hat. Die visionäre Logik geht über die rein formal-operationale (Piaget) hinaus. Sie wird auch als dialektisch, integrativ oder kreativ-synthetisch bezeichnet. Der formale Verstand stellt Beziehungen her, die visionäre Logik ganze Netzwerke solcher Beziehungen. Sie ist Beginn einer wirklich höherrangigen synthetisierenden Fähigkeit des In-

Beziehung-Setzens von Wahrheiten, der Koordination von Ideen und Integration von Konzepten. Ihre Hauptbelange der existentiellen Ebene sind personale Autonomie und Integration; Authentizität und Selbstverwirklichung; Beschäftigung mit dem Sinn des Lebens, Ringen mit der persönlichen Sterblichkeit und Mut zum Sein angesichts des Todes. Es ist die Stufe der Heideggerschen Philosophie.

Zu den häufigsten Störungen gehören Depressionen angesichts wahrgenommener Sinnlosigkeit, Inauthentizität, Unbehaustheit. Unterdrückte Selbstverwirklichung im Sinne von Maslow: ‚Ich warne dich; wenn du absichtlich weniger sein willst, als du zu werden fähig bist, dann wirst du für den Rest deines Lebens zutiefst unglücklich sein'. Angst vor dem Tod oder dem Verlust der eigenen Arte des In-der-Welt-Seins.

Dieser ‚existentieller Ennui' hat ein spezifisches, unverkennbares Aroma; eine starke und hochdifferenzierte/hochintegrierte Selbststruktur weist das Symptom auf; es ist eine bedachte, ständige, betroffene, tiefe Depression, die nichts mit der ‚Weinerlichkeit' der Borderline-Struktur oder den Schuldgefühlen des Psychoneurotikers zu tun hat. Der Mensch dieser Stufe betrachtet unerschrocken den Kosmos und verzweifelt dann, aus welchen Gründen auch immer, daran, daß er keinen persönlichen Sinn findet. Ein klassisches Beispiel stammt von Tolstoi:

„Die Frage, die mich in meinem fünfzigsten Jahr zum Gedanken an Selbstmord gebracht hat, war die einfachste aller Fragen, die jedem Menschen in der Seele liegt: ‚Was wird bei dem herauskommen, was ich heute tue und morgen tun werde? Was wird bei meinem ganzen Leben herauskommen?' Anders ausgedrückt: ‚Warum sollte ich leben? Warum sollte ich irgend etwas wünschen? Warum sollte ich irgend etwas tun?' Noch anders ausgedrückt: ‚Gibt es irgendeinen Sinn in meinem Leben, der nicht durch den unvermeidlichen Tod zerstört werden wird, der mich erwartet?'"

Wie diese existentiellen Pathologien gehandhabt werden, ist von System zu System sehr unterschiedlich. Eine Gemeinsamkeit scheint jedoch dies zu sein: Je klarer und transparenter das Selbst mittels anteilnehmender Reflexion wird, je mehr es sich von egozentrischen, auf Macht beruhenden oder inauthentischen Modi lösen kann, desto mehr nähert es sich einer autonomen oder authentischen Haltung, die Angst bekämpft und Sinn und Daseinsmut gibt. Verinnerlichung und und Selbstverantwortung sind die beiden zentralen Merkmale, die von allen echten Schulen humanistisch-existentieller Therapie betont werden. Das zentaurische Selbst hat jedoch nichts Zeitloses und Ewiges an sich, und das Akzeptieren dieser Tatsache ist Teil der eigentlichen Definition von Authentizität.

19. Die transpersonale Phase

Auf der personalen Ebene lernt das Selbst nach und nach seinen Geist und seinen Körper zu beobachten und beginnt auf diese Weise, beides zu transzendieren. Sucht man in der Meditation nach dem Wesen dieses Beobachters, so entdeckt man, was die mystischen Traditionen den Zeugen nennen, das große Selbst, die reine Präsenz, die absolute Wahrnehmung oder das Bewußtsein als solches. Und dieses beobachtende Selbst entschleiert im Lauf der Entwicklung die eigene Quelle, die der GEIST (Spirit) selbst ist. „Es gibt eine subtile Essenz, die alle Wirklichkeit durchdringt. Sie ist das Wesen von allem, was ist, und sein Urgrund. Diese Essenz ist alles und diese Essenz ist real. Und du, du bist das" – so lautet eine der berühmtesten Antworten auf die Frage nach der Natur des SELBST. Dieser Bereich geht über die Person hinaus, ist ‚transpersonal'. Das bedeutet nicht den Verlust des Persönlichen. Das Persönliche wird bei der weiteren Entwicklung zwar transzendiert, aber auch bewahrt. Transpersonal bedeutet persönlich plus, nicht persönlich minus.

Der transpersonale Bereich beim Menschen enthält die Stadien des Psychischen (Naturmystik), des Subtilen (Gottesmystik), des Kausalen (formlose Mystik). Wie auf allen früheren Ebenen ist auch hier die Leiter nicht der Ort der eigentlichen Aktivität. Der liegt beim Kletternden, dem Selbst, und in den Stufen, die gewissermaßen im Klettern entstehen.

7) Die Psychische[1] Ebene – Naturmystik – der Weg der Yogis und Schamanen

Auf dieser Ebene häufen sich oft paranormale Ereignisse (Synchronizität, Telepathie, Telekinese, Geistheilung, Öffnung des ‚Dritten Auges' etc.). Aber das eigentlich Charakteristische dieser Ebene ist eine Selbstwahrnehmung, die nicht mehr ausschließlich auf das individuelle Ego oder den Zentaur gerichtet ist. Schon auf jeder früheren Stufe hat sich die Identität erweitert von einer rein körperlichen, zu einer – noch sehr egozentrisch – mentalen, zu einer gruppen-, rollen- und kulturzentrierten (man ist zum Beispiel Partner, Mutter oder Vater, Rechtsanwalt, Anhänger einer bestimmten Partei oder Religionsgemeinschaft, Deutscher etc.). Mit zunehmender Rationalität expandiert die sozio- oder ethnozentrische Identität weiter zu einer weltzentrischen, globalen Wahrnehmung; und der Schritt von dieser Weltzentrik zur Weltseele ist angesichts der vorhergehenden Entwicklung eher bescheiden.

„Die wahrnehmende Kraft der inneren (psychischen) Schau ist größer und direkter als die wahrnehmende Kraft des Denkens. Der erleuchtete Geist bringt eine noch größere Bewußtheit durch eine Wahrheitssicht und ein Wahrheitslicht und seine sehende und erfassende Kraft; er erleuchtet den logischen Geist mit einer direkten inneren Vision und Inspiration; er kann einen genaueren und kühneren offenbarenden Entwurf, ein größeres Erfassen und eine größere Totalitätsmacht verkörpern, als das begriffliche Denken zu handhaben vermag" (Aurobindo).

---

[1] Anmerkung der Hrsg.: Das englische Wort ‚psychic' ist mit psychisch ungenau übersetzt. ‚Psychic' umfaßt vor allem auch Parapsychisches und Spirituelles.

Psychische Störungen und ihre Behandlung

Die dramatischste Pathologie auf dieser Stufe tritt beim spontanen und gewöhnlich nicht gesuchten Erwachen spirituell-psychischer Energien oder Fähigkeiten auf. Sogar für jemanden, der sicher in seinem zentaurischen Selbst verankert ist, kann das Erwachen der Kundalini psychologisches Dynamit sein. Für die Behandlung scheint es nur zwei Modalitäten zu geben. Die eine besteht darin, daß man entweder diesen ‚Einbruch' durchsteht, bis er abklingt, manchmal unter der Obhut eines konventionellen Psychiaters. Dabei besteht die Gefahr, daß dieser den Vorgang als Borderline- oder psychotischen Einbruch deutet und Medikamente verschreibt, was den Prozeß dann oft auf halben Wege lähmt und die weitere Entwicklung verhindert. Oder man kann sich bewußt auf diesen Vorgang einlassen und eine kontemplative Disziplin aufnehmen. Beim Erwachen der Kundalini ist Yoga angemessen in Begleitung eines qualifizierten Yogalehrers, eventuell in Zusammenarbeit mit einem konventionell arbeitenden Therapeuten.

Sehr verwirrend können auch vorübergehende schizophrene Durchbrüche oder psychoseähnliche Episoden sein, die oft Kanal für ziemlich tiefe spirituelle Einsichten sind, doch sie tun das durch eine Selbststruktur, die neurotisch, borderline oder sogar offen psychotisch ist. Hier kann eine Jungianische Therapie vorgeschlagen werden. Eine kontemplative Disziplin ist meist erst nach einer ausreichend langen Periode des Strukturaufbaus sinnvoll.

Zu den psychischen Störungen des Anfängerstadiums gehören:

a) Die psychische Inflation – höhere transpersonale Bereiche werden mit dem individuellen Ego verwechselt. Hier ist eine ständige Trennung psychischer Tatsachen von narzißtischen Phantasien notwendig. Mißlingt dies, liegt das gewöhnlich daran, daß narzißtische, borderline oder sogar psychotische Überreste aktiviert wurden. An diesem Punkt sollte die Meditation sofort eingestellt und, wenn möglich, ein Strukturaufbau in Gang gebracht werden.

b) Körperliche und psychische Symptome – Angst, Kopfschmerz, Herzarrhythmien, Darmstörungen etc.–, auf Grund fehlerhafter Praxis der spirituellen Technik. Dies sollte mit dem Meditationslehrer geklärt werden. Kontemplative Disziplinen sollte man unter Anleitung eines qualifizierten Meisters aufnehmen.

c) Die ‚Dunkle Nacht der Seele' – sobald die Seele einen direkten Geschmack oder eine Erfahrung des Göttlichen erhalten hat und diese Erfahrung (mit der sie begleitenden Vision, Ekstase oder Klarheit) zu verblassen beginnt, kann sie eine tiefe Verlassenheitsdepression erleiden (nicht zu verwechseln mit Borderline-, neurotischen oder existentiellen Depressionen). Die Seele hat ihren Sinn im Leben, ihren Dämon oder ihr Schicksal gesehen, nur damit er dann wieder verblaßt. Die Lektüre von Berichten darüber, wie andere (z. B. Johannes vom Kreuz, Underhill, Kapleau) diese Phase bewältigt haben, kann sehr hilfreich sein, auch bittendes Gebet in Perioden tiefer Verzweiflung. Im Gegensatz zu existentiellen und Borderline-Depressionen gibt es keinen einzigen Fall in der Literatur, in dem die Dunkle Nacht der Seele zum Suizid geführt hätte.

d) Gespaltene Lebensziele – beispielsweise ‚Bleibe ich in der Welt oder ziehe ich mich zurück?' Es ist wichtig, daß die spirituelle Praxis eines Menschen in sein alltägliches Leben und seine Arbeit integriert ist. Asketischer Rückzug führt nur zu oft zu einer tiefen Spaltung zwischen den niedrigen und den höheren Dimensionen der Existenz und verwechselt im allgemeinen die Unterdrückung mit der Transzendierung des irdischen Lebens.

e) Pseudo-Dhukka – Überwältigtsein durch die Erkenntnis der leidvollen Natur menschlicher Existenz. In den meisten Fällen sollte der Meditierende für einige Monate die Meditation einstellen. Wenn mäßige bis schwere Depression/Angst bestehen bleibt, kann eine Borderline- oder neurotische Problematik aktiviert worden sein und angemessene strukturbildende oder aufdeckende Therapien sollten unternommen werden.

f) Yogische Krankheit – die Entwicklung höheren Bewußtseins belastet den physisch-emotionalen Leib übermäßig. Die beste Heilung ist auch die beste Vorbeugung: Stärkung und Läuterung des physisch-emotionalen Körpers; Bewegung, laktovegetarische Diät, beschränkter Verzehr von Koffein, Zucker, Nikotin und sozialen Drogen.

8) Die subtile Ebene – Gottesmystik – der Weg der Heiligen

Subtil bezeichnet Prozesse, die feiner sind als die des normalen Wachbewußtseins: Licht- und Klangerlebnisse, archetypische Formen, Ströme von Seligkeit, allgemeine Liebe und Mitgefühl, aber auch kosmisches Böses und kosmischer Horror. Wie bei den anderen Phasen ist auch hier wegen des dialektischen Fortschritts die Entwicklung nicht nur wie ein Ferientag am Strand. Wir nennen diese Form Gottesmystik, weil sie auch unsere eigene archetypische Form umfaßt, die unio dei, die Vereinigung mit Gott. Das Einssein mit der Natur der psychischen Stufe wird hier zum Einssein mit Gott. Entsprechendes gibt es auch in anderen Traditionen.

Soviel wir wissen, sind die Tiefenstrukturen dieser höheren Ebenen (wie die aller anderen Ebenen auch) als Potential in allen Menschen angelegt. Aber wenn dieses Potential sich entfaltet, wird es von kulturellen und institutionellen Mustern geformt und interpretiert. Ein Mensch kann zum Beispiel bei einem Nahtodeserlebnis eine sehr tiefe Erfahrung machen. Ein Christ kann diese Erfahrung als Engel oder Heiligen sehen, ein Buddhist als Sambhogakaya oder Seligkeitskörper des Buddha, ein Jungianer als archetypische Erfahrung des Selbst und so weiter. Die Erfahrung selbst ist dabei durchaus real. Es gibt keine Beweise dafür auf der präpersonalen und der personalen Ebene, aber es gibt sehr viele Beweise auf der subtilen Ebene, daß solche Erfahrungen existieren.

Subtile Störungen und ihre Behandlung

a) Fehlschlag von Integration-Identifikation – Die Identifikation mit dem Archetypischen Bewußtsein erfordert den Tod des geistig-psychischen Selbst. Statt diese Erniedrigung zu erleiden, zieht das Selbst sich auf sein eigenes separates Sein zusammen. Wenn dieser Widerstand nicht gelockert wird, kann man von den mächtigen Energien und der Dynamik, die in diesem subtilen Bereich freigesetzt werden, überschwemmt und überwältigt werden. Tantrische Texte sprechen davon, daß man ‚vom Glanz zerstört' werden könne; in christlich-mystischen Begriffen schädigt sich die Seele selbst, wenn sie Gottes Liebe (Archetypische Präsenz) leugnet. Zur Heilung ist es erforderlich, die Kontraktion des Selbst zu sehen, die das Bewußtsein blockiert und es auf der psychischen Ebene fixiert und zu verstehen, daß dies eine krankhafte Fixierung auf der psychischen Ebene darstellt. Und nicht nur das. An der Vorstellung eines separaten Selbst festzuhalten erzeugt letztlich alle Formen menschlichen Leidens.

b) Eine andere Störung ist das Pseudo-Nirvana – subtile archetypische Formen, Erleuchtungen, Entzücken, Ekstase und Einsichten werden fälschlich für die endgültige Befreiung gehalten. Klammert man sich daran, wird diese Erfahrung pathologisch. Im Zen nennt man diese subtile Illusion ‚Makyo' oder ‚Zen-Krankheit'. Man kann sie nur überwinden, indem man über die luminosen Formen hinaus zum unmanifesten und formlosen Verlöschen fortschreitet. Viele kontemplative Traditionen haben Mittel der ‚Prüfung', die dem Übenden helfen, eine distanzierte Haltung gegenüber dieser archetypischen Ebene zu gewinnen (nachdem sie allerdings zuerst stabil erreicht wurde).

c) Pseudoerkenntnis – Im Stadium des Erkennens scheint jeder Bewußtseinsinhalt bedrückend, schmerzhaft, belastend. Das gehört zur intensiven Einsicht in die letztlich unbefriedigende Natur der Dinge, wenn man sie getrennt vom Göttlichen sieht, und ist normal. Pathologisch wird es dann, wenn dieser Prozeß nicht schnell genug verläuft und die

Seele an den Ufern ihrer eigenen Agonie strandet. Im Zen heißt es, diese besondere Art von ‚Zen-Krankheit' sei, als ‚habe man einen rotglühenden Eisenball' verschluckt. Augenscheinlich handelt es sich um eine der wenigen Störungen, bei denen man therapeutisch sagen kann, der Betreffende solle seine Bemühungen intensivieren.

9) Die kausale Ebene – die formlose Mystik – der Weg der Weisen

Wenn man in der Meditation das beobachtende Selbst, den Zeugen, zu seiner Quelle in der reinen Leere verfolgt, dann gibt es keine Objekte mehr im Bewußtsein. Dieser Zustand ist bekannt als das klassische Nirvana, das ‚nirvikalpa' oder ‚jnana samadhi', das ‚vergezzen'. Es ist der kausale Zustend, der oft mit tiefem, traumlosem Schlaf verglichen wird. Weil es nie als Objekt gesehen werden kann, ist dieses reine Selbst reine Leere. Aber dieser Zustand ist nicht ein bloßes Nichts, sondern äußerste Fülle, so voll, daß keine Manifestation es fassen kann. Er ist der kreative Urgrund allen Seins.

Dinge steigen ins Bewußtsein, bleiben ein wenig und gehen wieder. Sie steigen im Raum und bewegen sich in der Zeit. Aber der reine Zeuge ist, wie er ist, immer präsent und unveränderlich, zeitlos, raumlos da, bevor es Leben und Tod oder irgendeine Manifestation gab. Und weil er nie geboren wurde, wird er nie sterben. Der Zeuge ist das kausale Unmanifestierte. Alle Objekte, selbst Gott als eine wahrgenommene Form und damit auch die Gottesmystik, weichen einer formlosen Mystik.

Im Zustand des Zeugeseins sind wir ganz und gar frei von all den kleinen Subjekten und Objekten, die man sehen kann, frei von ihrer Unruhe, ihren Wünschen, ihren Ängsten, ihren Hoffnungen. Wir sind die reine Quelle des Gewahrseins und nicht irgend etwas, das in diesem Gewahrsein auftaucht.

„Wenn der Übergeist herabsteigt, wird die Vorherrschaft

des zentralisierenden Ich-Sinnes völlig untergeordnet; der Ich-Sinn verliert sich in der Größe des Seins und geht schließlich unter; eine breite kosmische Wahrnehmung und das Gefühl eines grenzenlosen, universalen Selbst ersetzen sie ... ein uneingeschränktes Bewußtsein der Einheit, das alles durchdringt ... ein Wesen, das in seiner Essenz eins ist mit dem Höchsten Selbst." (Aurobindo)

Kausale Störungen und ihre Behandlung

a) Mißlingen der Differenzierung: Unfähigkeit, den letztlich notwendigen Tod des Selbst zu akzeptieren. Die Entwicklung ist blockiert durch die subtilste Form des Entgegensetzens, Suchens oder Wünschens: durch den Wunsch nach Befreiung. Diese letzte Differenzierung oder Lösung ist meist mit einem subtilen Zusammenwirken von Schüler und Meister verbunden, das kurz (und unzulänglich) so beschrieben werden kann: Der Meister wohnt an diesem Punkt im ‚Herzen' des Schülers und übt einen speziellen ‚Sog' aus; der Schüler, in der letzten und Wurzelform des Gefühls des separaten Selbst steht noch auf subtil kontrahierte Weise ‚außerhalb' des Herzens (er widersetzt sich der endgültigen und totalen Auflösung des Gefühls eines separaten Selbst). Schüler und Meister ‚zusammen' lösen durch ein ‚müheloses Bemühen' diesen Standpunkt auf, und das separate Selbst fällt ins Herz. Dieser ‚Fall' ist der Eintritt in die Stadien der Erleuchtung.

b) Mißlungene Integration: Obwohl es dem Bewußtsein gelingt, sich von allen Bereichen des Manifesten zu differenzieren, so daß keine Objekte mehr erscheinen, besteht noch eine subtile Trennung zwischen dem Bereich des Manifesten und dem des Unmanifestierten. Nur wenn diese durchdrungen wird, erhebt sich der Bereich des Manifesten als Modifikation des absoluten Bewußtseins und nicht als eine Ablenkung von ihm. Dies ist der klassische shaj-bhave-samadhi. Ich habe noch keinen Text gelesen und auch von keinem Weisen gehört, der von einer noch höheren Ebene gesprochen hätte.

Die folgende Abbildung faßt die Entwicklungsstrukturen, ihre Störungen und die Behandlungsmodalitäten auf jeder Stufe zusammen.

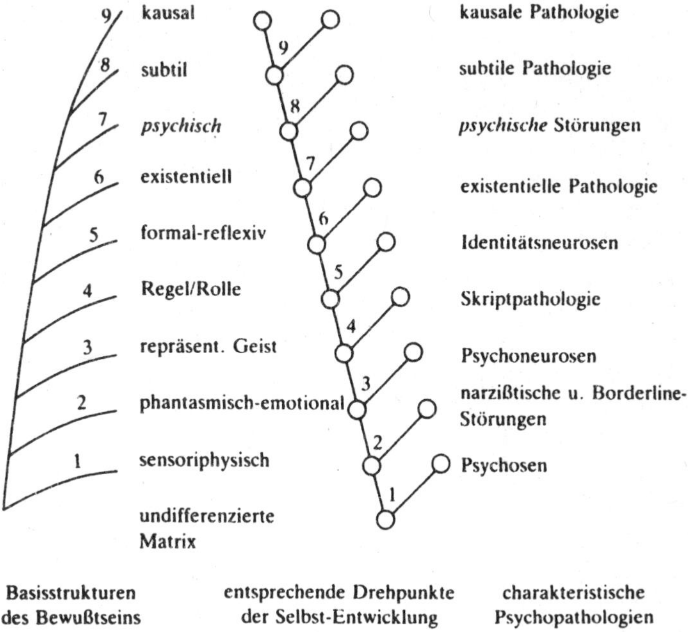

Abb. 4 Korrelation von Strukturen, Drehpunkten, Psychopathologien und Behandlungen

Bemerkungen zum Abschluß

Differentialdiagnose

Es ist sehr wichtig, zu einer Differentialdiagnose im Lichte des vollen Spektrums menschlichen Wachstums und menschlicher Entwicklung zu kommen. So sind beispielsweise psychische (psychic d. Hrsg.) Angst, existentille Angst, psychoneurotische Angst und Borderline-Angst sehr verschiedene Phänomene mit verschiedenenen Behandlungsmodalitäten. Jede wirksame therapeutische Intervention hängt von einer zutreffenden Anfangsdiagnose ab. Diese wiederum beruht auf einem geschulten Verständnis des ganzen Spektrums des Bewußtseins, einem Verständnis sämtlicher Ebenen der Selbststrukturierung und der besonderen Art von Bedürfnissen, Motivationen, Kognitionen, Beziehungen, Abwehrmechanismen und Pathologien.

Gegenwärtig werden weniger umfassende Modelle für die Diagnose und Behandlung von Klienten benutzt, wobei oft sehr unterschiedliche diagnostische und Behandlungskategorien zusammengeworfen werden. Die beiden diagnostischen Kategorien von Kohut, zum Beispiel, sind der tragische Mensch (borderline) und der ‚schuldige' Mensch (neurotisch). Seine Theorie befaßt sich nicht mit spirituellen Pathologien und muß sie daher sämtlich auf niedrigere Ebenen reduzieren. Damit kann es aussehen, als sei die einzige existentielle Tragödie im Kosmos die Trennung des Kindes von der Mutter.

Meditation und Psychotherapie

Meditation ist kein Mittel, sich wieder zu den niedrigen und verdrängten Strukturen des versunkenen Unbewußten durchzugraben, sondern eine Möglichkeit, Auftauchen, Wachstum und Entwicklung der höheren Strukturen des Bewußtseins zu erleichtern. Wenn man beides verwechselt, fördert man die reduktionistische Auffassung, Meditation sei (bestenfalls) eine Regression in Dienste des Ich.

Wenn jemand mit intensiver Meditation anfängt, beginnt häufig versunken-unbewußtes Material aufzutauchen oder gelegentlich sogar in das Bewußtsein einzubrechen. Diese Aufhebung der Verdrängung kommt häufig vor, hat in der Meditation jedoch eine andere Dynamik als in der Psychotherapie: Meditation muß, weil sie auf die Entwicklung oder das Fortschreiten des Bewußtseins zu höheren Ebenen struktureller Organisation abzielt, die ausschließliche Identifikation mit der gegenwärtigen Entwicklungsebene (gewöhnlich mental-ichhaft) aufbrechen. Ob Meditation in Verbindung mit Psychoanalyse oder Psychotherapie verwendet werden sollte, hängt weitgehend von der Art der Meditation und der Ebene der Pathologie ab, die mit einer bestimmten Therapie behandelt wird.

Im allgemeinen ist Meditation bei den frühen präpersonalen Pathologien (Psychose, Narzißmus und Borderlinestörung) kontraindiziert. Es gibt nicht genug Selbststruktur, um die intensiven Erfahrungen in Gang zu setzen, die die Meditation gelegentlich einschließt. Bei den meisten Formen von Neurose kann Meditation jedoch hilfreich sein. Auf der personalen Ebene kann jemand, dessen Pathologie eine Rollenkonfusion oder Rollenkonformismus betrifft oder der Schwierigkeiten mit seiner Selbstidentität hat, Meditationsgruppen kultartig benutzen, indem er treu zu der speziellen ‚in-group' steht und damit ungelöste Identitätsneurosen ausagiert. Die meisten Formen existentieller Pathologie reagieren positiv auf Meditation. Individuen mit einem andauernden existentiellen Dilemma empfinden gewöhnlich die Philosophie hinter kontemplativen Bemühungen als wohltuend.

20. Die Verwechslung von „prä" und „trans"

Seit ich angefangen habe, über den Unterschied von präraionalen oder präpersonalen und transrationalen oder transpersonalen Bewußtseinszuständen beziehungsweise ihre Verwechslung – ich spreche hier von „Prä/trans-Verwechslung" – nachzudenken, wächst meine Überzeugung, daß es ganz entscheidend ist, hier Klarheit zu gewinnen, wenn wir die Natur höherer (tieferer) oder wahrhaft spiritueller Bewußtseinszustände verstehen wollen.

Gemeint ist mit „Prä/trans-Verwechslung" zunächst etwas ganz Einfaches: Da prärationale und transrationale Zustände *beide* auf ihre je eigene Weise nichtrational sind, können sie dem ungeschulten Auge als ähnlich, wenn nicht identisch erscheinen. Sind jedoch prä und trans erst einmal verwechselt oder gleichgesetzt, kommt es zu Denkfehlern zweierlei Typs:

Durch einen Denkfehler der ersten Art werden alle höheren und transrationalen Zustände auf niedrigere und prärationale reduziert. Echte mystische oder kontemplative Erfahrungen beispielsweise werden als Regression zu infantilem Narzißmus, ozeanischem Adualismus, Indissoziation oder sogar als primitiver Autismus gedeutet. Diesen Weg nahm beispielsweise Freud in *Die Zukunft einer Illusion.*

Solche reduktionistischen Darstellungen setzen die Rationalität als den großen endgültigen Omega-Punkt der individuellen und kollektiven Entwicklung, als Hochwassermarke aller Evolution. Tiefere, weitere oder höhere Kontexte gelten als nichtexistent. Also lebt man sein Leben entweder rational oder neurotisch (Freuds Neurosebegriff beschreibt im Grunde all das, was die Entstehung einer rationalen Sicht der Dinge behindert – was soweit ganz richtig ist, aber nicht weit genug reicht). Da es keine höheren Kontexte geben kann, müssen echte transrationale Zustände sofort als Regression zu prärationalen Strukturen erklärt werden. Das Überbewußte wird auf das Unterbewußte, das Transpersonale auf das Präpersonale reduziert, und das Emergieren von etwas Höherem muß als Einbruch des Niedrigeren gedeutet werden. Alle atmen erleichtert auf, und der rationale Welt-Raum bleibt ungeschoren (durch „die schwarze Schlammflut des Okkultismus", wie Freud es so bildkräftig ausdrückte).

Ist man andererseits für höhere und mystische Zustände aufgeschlossen, verwechselt aber trotzdem prä und trans, dann wird man alles Prärationale zu transrationaler Glorie erheben oder elevieren wollen, indem man zum Beispiel den infantilen primären Narzißmus als unbewußtes Schlummern in der Unio mystica auffaßt. Jung und seine Nachfolger haben häufig diesen Weg beschritten und müssen tiefe Transpersonalität und Spiritualität in lediglich undissoziierte und undifferenzierte Zustände hineinlesen, denen jegliche Integration mangelt.

Für den elevationistischen Standpunkt ist die transpersonale und transrationale mystische Vereinigung der letzte

Omega-Punkt, und da die egoische Rationalität dazu neigt, diesen höheren Zustand zu leugnen, muß sie den Tiefpunkt menschlicher Möglichkeiten darstellen, eine Verderbtheit, die Ursache aller Sünde und Trennung und Entfremdung. Hat man die Rationalität aber erst zum Anti-Omega erklärt, wird man bald alles Nichtrationale als direkten Weg zu Gott verherrlichen, und alles – wie infantil, regressiv und prärational es auch sein mag – ist uns recht, wenn es nur die böse, skeptische Rationalität aus dem Feld schlägt. „Ich glaube, *weil* es absurd ist" – das ist der Schlachtruf der Elevationisten (und alle Romantik ist zutiefst davon geprägt).

Freud war ein Reduktionist, Jung ein Elevationist – die beiden Seiten der Prä/trans-Verwechslung. Wir müssen hier sehen, daß sie beide zur Hälfte recht und zur Hälfte unrecht haben. Ein gut Teil der Neurose ist tatsächlich als prärationale Fixierung/Regression zu erklären; andererseits gibt es mystische Zustände wirklich, aber jenseits (und nicht diesseits oder unterhalb) der Rationalität – und solche Zustände dürfen nicht reduziert werden.

Der größte Teil der jüngeren Moderne, zumindest seit Feuerbach, Marx und ganz gewiß seit Freud, war von der reduktionistischen Haltung gegenüber dem Spirituellen beherrscht: *Alles* spirituelle Erleben mußte als Regression gedeutet werden. Und es scheint eine Art Überreaktion zu sein, daß jetzt, spätestens seit den sechziger Jahren, allerlei Formen des Elevationismus um sich greifen (als Beispiel, aber keineswegs als einziges, mag die New-Age-Bewegung gelten). Alle möglichen Bestrebungen, auch solche von höchst zweifelhafter Herkunft und Authentizität, werden als transrational ausgegeben und mit Heiligenschein versehen, *wenn sie nur nichtrational sind.* Alles Rationale ist falsch; alles Nichtrationale ist spirituell.

Der *GEIST* ist nichtrational, aber eben trans und nicht prä. Er regrediert nicht und schließt die Vernunft aus, sondern er transzendiert sie, schließt sie dabei jedoch ein. Die Vernunft hat wie jede andere Stufe der Evolution ihre ganz eigenen und manchmal verheerenden Beschränkungen, die zu Repression und Entstellung führen können. Aber die inneren Probleme jeder Entwicklungsebene werden, wie wir gesehen haben, erst auf der nächsten gelöst oder ‚entschärft' – und nicht dadurch, daß man auf frühere Ebenen regrediert, wo das Problem allenfalls ignoriert werden kann. Die Größe und die Schrecken der Vernunft: Sie erschließt gewaltige neue Möglichkeiten und Lösungen, schleppt jedoch zugleich ihre eigenen spezifischen Probleme ein, die nur durch ein Transzendieren zu lösen sind, durch den Sprung auf eine höhere, transrationale Ebene.

Viele der nichtrationalen Ansätze sind, leider, elevationistisch und daher nicht jenseits der Logik, sondern noch gar nicht bis zur Logik gelangt. Sie glauben, sie seien es, sie sehen sich als Besteiger des Berges der Wahrheit, aber mir scheint, sie sind nur gestolpert und erleben das atemberaubende Gefühl des freien Falls als Glückseligkeit. So gern sähen sie ihren Kollisionskurs als Paradigma der kommenden Welt-Transformation anerkannt, und alle, die ihrer Bruchlandung so fasziniert entgegensehen, wie man eine Massenkarambolage auf der Autobahn begafft, tun ihnen so leid, und sie nicken traurig, wenn wir die Teilnahme an ihrem Abenteuer dankend ablehnen. Wahre, unermeßliche Glückseligkeit ist nur aufwärts zu finden.

Wir werden also die tieferen/höheren individuellen Bewußtseinsstrukturen zu betrachten haben, die transrationalen Strukturen. Um sie jedoch verstehen zu können, müssen wir uns zuvor die prärationalen Strukturen genau ansehen, um zumindest durch eine Art Subtraktion ein Bild des Transrationalen zu gewinnen.

Während wir also die Geschichte der Ontogenese von den archaischen und magischen Strukturen bis hin zum Überbewußten verfolgen, werden wir vor allem diese beiden Abwege – Reduktionismus und Elevationismus – zu meiden haben.

Das Transpersonale und die Naturwissenschaft

Angeregt durch Capras ‚Das Tao der Physik' verbreitete sich im New Age schnell die Überzeugung, daß die moderne Physik (Quanten- und Relativitätstheorie) Mystisches automatisch unterstütze oder gar beweise. Wilber organisierte Anfang der achtziger Jahre in ReVision, einer Zeitschrift, deren Chefredakteur er lange war, eine Diskussion, an der unter anderem so hochkarätige Wissenschaftler wie Karl Pribram und David Bohm teilnahmen. (Die Diskussion liegt in Buchform vor: ‚Das holographische Weltbild'.) Wilbers Beiträgen zu dieser Diskussion spürt man die Brillanz des ehemaligen Naturwissenschaftlers an, aber auch die philosophische Strenge des Mystikers, der Naturwissenschaft und Mystik mit guten Gründen auseinanderhält und damit – er liebt solche Husarenritte – eine heilige Kuh des New Age schlachtet.

In ‚Quantum Questions' sammelte Wilber die überraschend häufigen und tiefgründigen mystischen Vorstellungen und Äußerungen großer Physiker – Heisenberg, Schrödinger, Einstein, De Broglie, Jeans, Planck, Pauli, Eddington. Wie dies mit seiner Haltung in der o. a. Diskussion zusammenpaßt, erklärt ein Abschnitt aus seiner Einleitung zu diesem Buch – ein kleines Kabinettstück.

In ‚Die drei Augen der Erkenntnis' schließlich schildert Wilber in Anlehnung an Bonaventura die verschiedenen Methoden, die jeweils für empirisch-naturwissenschaftliches, für logisch-geisteswissenschaftliches und für kontemplatives Erkennen nötig sind.

Historisch gesehen reicht der Dialog zwischen Wissenschaft und Religion sehr weit zurück – zumindest bis Plato, Aristoteles und Plotin (obwohl „Wissenschaft" damals nicht ganz dasselbe bedeutete wie heute). In früheren Zeiten ging es dabei allerdings gewöhnlich um die *Unterschiede* zwischen Wissenschaft und Religion, ihre Konflikte, Rivalitäten und augenscheinlich unvereinbaren Ansprüche, im alleinigen Besitz der Wahrheit zu sein (mit gelegentlichen Phasen der Diskussion über einen möglichen Waffenstillstand und eine Art von friedlicher, wenn auch stets gespannter Koexistenz).

Plötzlich jedoch traten in den siebziger Jahren dieses Jahrhunderts einige sehr geachtete, sehr nüchtern denkende und sehr erfahrene Naturwissenschaftler auf den Plan – Physiker, Biologen, Neurochirurgen. Sie führten kein Gespräch *mit* der Religion, sondern sprachen *von* Religion und, was noch ungewöhnlicher war, sie taten das in dem Versuch, die harten Daten der Naturwissenschaft zu erklären. Dabei kamen sie zu folgender Schlußfolgerung: Die Fakten der Naturwissenschaft, die Daten aus Physik und Physiologie, scheinen nur dann einen Sinn zu ergeben, wenn man einen impliziten, gemeinsamen und transzendenten Urgrund annimmt, der diesen Daten zugrunde liegt ...

Dabei flossen verschiedene Forschungsströme ineinander. Da war zunächst einmal die pionierhafte Forschung des Neurochirurgen Karl Pribram von der Universität Stanford. Sein Buch *Languages of the Brain* gilt bereits als moderner Klassiker in diesem Bereich. Wie wir noch sehen werden, kam Pribram durch sein Studium des Gedächtnisses und der Gehirnfunktionen zu der Schlußfolgerung, das Gehirn funktioniere in vieler Hinsicht wie ein Hologramm. Ein Hologramm ist eine besondere Art von optischem Speichersystem, dessen hier bedeutsame Eigenschaft sich am besten an Hand eines Beispiels erklären läßt: Wir nehmen die fotografische Platte mit der holographischen Aufnahme eines Menschen und schneiden einen Teil, zum Beispiel den obersten, davon ab. Dann projizieren wir diesen Teil, um das darauf enthaltene Bild zu betrachten. Wir sehen nun nicht etwa nur den Kopf, also den oberen Teil des ursprünglichen Bildes, sondern den *ganzen* Menschen, wie er auf der unversehrten Platte abgebildet war. Und ein Teil dieses Teiles gibt wiederum das ganze Bild. Mit anderen Worten: Jeder einzelne Teil des Hologramms enthält das ganze Bild in verdichteter Form. Der Teil ist im Ganzen und das Ganze ist in jedem Teil – eine Form von Einheit-in-der-Vielfalt und Vielfalt-in-der-Einheit. Der entscheidende Aspekt ist, daß der *Teil* Zugang zum *Ganzen* hat.

Sollte daher das Gehirn wie ein Hologramm funktionieren, dann könnte es Zugang zu einem größeren Ganzen haben, einem Feld oder einem „holistischen Frequenzbereich", der die Grenzen von Zeit und Raum transzendiert. Und dieser Bereich, so argumentiert Pribram, scheint genau derselbe Bereich transzendentaler Einheit-in-der-Vielfalt zu sein, den die großen Mystiker und Weisen erfahren und beschrieben haben.

Damals wurde Pribram auf die Arbeit des englischen Physikers David Bohm aufmerksam. Dieser hatte aus seiner Beschäftigung mit der Teilchenphysik und dem „Quantenpotential" die Schlußfolgerung gezogen, physikalische Einheiten, die in Raum und Zeit getrennt und verschieden voneinander erscheinen, seien in Wirklichkeit auf implizite und grundlegende Weise miteinander verbunden oder vereinigt. In Bohms Terminologie liegt dem „entfalteten" (auch „expliziten" oder „explikaten") Bereich separater Dinge und Geschehnisse ein „eingefalteter" (auch „impliziter" oder „implikater") Bereich ungeteilter Ganzheit zugrunde, und dieses eingefaltete Ganze ist gleichzeitig jedem entfalteten Teil verfügbar. Anders ausgedrückt: Das physikalische Universum selbst scheint ein gigantisches Hologramm zu sein, bei dem jeder Teil im Ganzen und das Ganze in jedem seiner Teile ist.

Aus dieser Schlußfolgerung entstand das „holographische

Weltbild": Das Gehirn ist ein Hologramm, das ein holographisches Universum wahrnimmt und an ihm teilhat. Im entfalteten oder manifesten Bereich von Raum und Zeit sind die Dinge tatsächlich getrennt und verschieden. Unter der Oberfläche jedoch, im eingefalteten oder Frequenzbereich, sind alle Dinge und Geschehnisse raumlos, zeitlos, immanent, eins und ungeteilt. Daher könnte nach Ansicht von Bohm und Pribram die religiöse Grunderfahrung, die Erfahrung mystischen Einsseins und „höchster Identität", auch aus naturwissenschaftlicher Sicht eine *echte* und *legitime* Erfahrung dieses verflochtenen und universalen Urgrundes sein.

In mancher Hinsicht markiert dieses Weltbild oder Paradigma den Höhepunkt eines seit Jahrzehnten sichtbaren Trends in den Naturwissenschaften: Seit der „Quantenrevolution" vor rund fünfzig Jahren hat eine Reihe von Forschern immer wieder interessante Parallelen zwischen ihren Forschungsergebnissen und gewissen mystisch-transzendentalen Religionen entdeckt. Heisenberg, Bohr, Schrödinger, Eddington, Jeans, ja selbst Einstein bekannten sich zu einer mystisch-spirituellen Weltanschauung. Mit dem Einfließen fernöstlichen Gedankenguts in das Abendland, das vor allem mit D. T. Suzukis berühmten *Essays in Zen Buddhism* begann, wurden diese Parallelen noch deutlicher und zwingender. Alan Watts nutzte die moderne physikalische und die Systemtheorie in einer stark vereinfachenden Form dafür, Buddhismus und Taoismus zu erklären. Lawrence LeShan wählte in seinem Werk *The Medium, the Mystic, and the Physicist* eine wissenschaftliche Methode. Doch hat vielleicht kein Buch das Interesse von Wissenschaftlern und Laien mehr gefesselt als Fritjof Capras *Das Tao der Physik*.

Man mag dem neuen Weltbild zustimmen oder es ablehnen – eine Schlußfolgerung ergibt sich ganz unverkennbar: Die Neue Naturwissenschaft schafft zumindest breiten Spielraum für das Spirituelle, den *GEIST*, wenn sie diesen *GEIST* nicht gar postuliert, weil sie nicht ohne ihn auskommt. Und *das* ist wirklich epochal. Hans Küng hat einmal geschrieben, die Standardantwort auf die Frage „Glauben Sie an den *GEIST?*" sei lange Zeit gewesen: „Natürlich nicht. Ich bin schließlich Naturwissenschaftler." Sehr bald könnte sie lauten: „Natürlich glaube ich an den *Geist.* Schließlich bin ich Naturwissenschaftler."

22. Von Schatten und Symbolen – Jenseits der Höhle[1]

Man hört heutzutage viel von der Beziehung zwischen moderner Physik und östlicher Mystik. Die Bootstrap Theorie, Bell's Theorem, die implizite Ordnung, das holographische Paradigma – von all dem vermutet man, daß es die östliche Mystik beweist (oder widerlegt?). Befürworter und Gegner brüsten sich mit ihrer Ware, aber was nach wie vor stimmt, ist, daß die Sache selbst außerordentlich komplex ist. Und so ist es wohl keine schlechte Idee, die Gründerväter der modernen Physik zu konsultieren.

Die großen Theoretiker der modernen [Quanten- und Relativitäts-] Physik Einstein, Schrödinger, Heisenberg, Bohr, Eddington, Pauli, de Broglie, Jeans und Planck stimmen natürlich nicht in allem überein. Aber sie sind einhellig der Meinung, daß die moderne Physik keine Form von Mystik oder Transzendenz unterstützt und auch keinen Gegenbeweis liefert. Als Erzbischof Davidson Einstein fragte, welche Auswirkung die Relativitätstheorie auf die Religion habe, meinte dieser: „Keine. Die Relativitätstheorie ist reine Wissenschaft und hat nichts mit Religion zu tun." „Damals mußte man Fachmann in der Kunst werden, Leute zurecht-

[1] Wilber bezieht sich hier auf Platos Höhlengleichnis. In diesem Gleichnis sitzen Gefangene in einer Höhle so, daß sie nur vom Höhleneingang weg auf die hintere Wand der Höhle sehen können. Vor der Höhle leuchtet ein Feuer. Hinter dem Rücken der Gefangenen und vor dem Feuer tragen Menschen Gegenstände hin und her, so daß die Gefangenen ihre Schatten auf der Höhlenwand sehen können. Die Gefangenen halten diese Schatten für die Wirklichkeit (Anm. d. Hrsg.).

zuweisen, die davon überzeugt waren, daß die vierte Dimension die Tür zur Spiritualität sei", kommentiert Eddington das. Schrödinger war ebenso direkt: „Physik geht von der Alltagserfahrung aus und setzt sie mit subtileren Mitteln fort ... Sie kann ihrem Wesen nach nicht transzendieren und in einen anderen Bereich übergehen." Auch Planck fand, daß Wissenschaft und Religion sich mit zwei verschiedenen Dimensionen der Existenz beschäftigen, zwischen denen es weder Konflikt noch Übereinstimmung geben kann und deren Verbindung völlig unsinnig ist.

Man kann nicht dagegen halten, daß diese Physiker eben nichts von Mystik wußten. Im Gegenteil, ihre Schriften sind voller Hinweise auf die Veden, Upanishaden, Taoismus, Buddhismus, Pythagoras, Plato, Plotin, Berkeley, Schopenhauer, Hegel, Kant, eigentlich dem ganzen Götterhimmel der Ewigen Philosophie. Sie kannten zum Beispiel eine der wesentlichen Grundpositionen der Ewigen Philosophie, nämlich, daß im mystischen Bewußtsein Subjekt und Objekt im Akt des Erkennens eins werden. Aber keiner von ihnen fand, daß Heisenbergs Unschärfeprinzip und Bohrs Komplementaritätsprinzip diese mystische Idee stützt; denn im mystischen Bewußtsein wird die Wirklichkeit direkt und unmittelbar erfaßt, ohne Symbole, ohne Konzepte oder andere Abstraktionen; Subjekt und Objekt werden eins in einem zeit- und raumlosen Akt, der jenseits jeglicher Vermittlung ist, jenseits von Worten, Symbolen, Namen, Gedanken und Bildern.

Wenn der Physiker dagegen die Realität der Quanten ansieht oder die Realität der Relativität, sieht er nicht das ‚Ding an sich', sondern lediglich eine Reihe hochabstrahierter Gleichungen, mathematische Symbole der Wirklichkeit. Bohr formulierte: „Wir müssen uns darüber im klaren sein, daß wir es mit einem rein symbolischen Verfahren zu tun haben." Jeans fand: „Physiker, die versuchen, die Natur zu verstehen, können auf vielen verschiedenen Gebieten und mit vielen verschiedenen Methoden arbeiten; ... aber die Ernte wird letztlich immer ein Blatt mit mathematischen

Formeln sein.“ Und Eddington schloß: „Wir haben gelernt, daß die Erkundung der äußeren Welt durch die Physik nicht zu einer konkreten Realität führt, sondern zu einer Schattenwelt der Symbole, hinter die zu dringen diese Methoden nicht geeignet sind.“

Schrödinger bringt es auf den Punkt: „Nehmen Sie bitte zur Kenntnis, daß der neueste Fortschritt [der Quanten- und Relativitätsphysik] nicht darin liegt, daß die Welt der Physik diesen Schattencharakter angenommen hat; den hatte sie schon seit der Zeit des Demokrit von Abdera und davor, aber wir haben es nicht wahrgenommen; wir dachten, wir hätten es mit der Welt selbst zu tun.“ Und Jeans bringt den Gedanken noch ein Stück weiter: „Die größte Errungenschaft der Physik des zwanzigsten Jahrhunderts ... ist die Erkenntnis, daß wir mit der letzten Wirklichkeit noch nicht in Kontakt sind. Wir sind noch immer in unserer Höhle gefangen, mit unserem Rücken zum Licht und können nur die Schatten an der Wand sehen.“

Kurz gesagt: Der Ansicht dieser Physiker nach beschäftigt sich Physik mit Schatten; über die Schatten hinaus zu gehen, heißt, über die Physik hinaus zu gehen; über die Physik hinaus zu gehen heißt, sich auf den Weg zum Meta-physischen oder Mystischen zu machen – und das ist der Grund, warum so viele führende Physiker Mystiker waren.

23. Die drei Augen der Erkenntnis

Das größte und wichtigste Problem, vor das sich die Transpersonale Psychologie heute gestellt sieht, ist wohl ihr Verhältnis zur empirischen Wissenschaft. Wirklich brennend ist dabei jedoch nicht die Frage ihrer Spannweite, ihrer Gegenstände und ihrer Methodik – das heißt ihrer Quellen, Grundannahmen und Schlußfolgerungen –, denn all diese Punkte sind zweitrangig im Vergleich mit der alles entscheidenden Frage, ob sie überhaupt Gültigkeit beanspruchen kann, ob sie also, anders gesagt, eine *empirische* Wissenschaft ist. Falls nämlich, so lautet die Argumentation, die Transpersonale Psychologie keine empirische Wissenschaft ist, so besitzt sie auch keine tragfähige Wissenschaftstheorie und damit nicht die Mittel, gültige Erkenntnis zu gewinnen. Es ist müßig, nach der Weite oder Tiefe oder Methodik des Erkennens auf diesem neuen und „höheren" Gebiet der Transpersonalen Psychologie zu fragen, solange sie nicht demonstriert hat, daß sie tatsächliches Wissen irgendeiner Art besitzt.

Ich möchte deshalb kurz die Natur der Wissenschaft, die Natur der Transpersonalen Psychologie und das Verhältnis beider zueinander betrachten.

Die drei Augen der Seele

Bonaventura, ein Lieblingsphilosoph der späteren abendländischen Mystiker, lehrte, daß der Mensch über drei Weisen des Erkennens verfügt, über „drei Augen", wie er selbst sie nannte: das Auge des Fleisches, mit dem wir die äußere Welt des Raumes, der Zeit und der Dinge wahrnehmen; das Auge der Vernunft, das uns Zugang zur Philosophie, zur Logik und zum Geist selbst verschafft; und das Auge der Kontemplation, das uns zur Erkenntnis transzendenter Wirklichkeit erhebt.

Diese besondere Ausdrucksweise – Auge des Fleisches, der Vernunft und der Kontemplation – ist zwar eindeutig christlich, doch wir finden ähnliche Ideen in jeder großen Schule traditioneller Psychologie, Philosophie und Religion. Die „drei Augen" des Menschen entsprechen den drei Bereichen des Seins, wie sie von der *philosophia perennis* beschrieben werden: das Grobstoffliche (fleischlich und materiell), das Feinstoffliche (mental und seelisch) und das Kausale (transzendent und kontemplativ).

Um Bonaventuras Einsichten weiterzuführen, könnten wir Heutigen sagen, daß das Auge des Fleisches an einer Welt gemeinsamer und ausgewählter sensorischer Erfahrung teilhat und diese Welt teils wahrnimmt, teils aber auch selbst erschafft. Dies ist der grobstoffliche Bereich von Raum, Zeit und Materie. Es ist der gemeinsame Erfahrungsbereich all jener, die ein ähnliches Auge des Fleisches besitzen. Das Auge des Fleisches ist das *empirische* Auge, das Auge der Sinneserfahrung, die als gemeinsame Erfahrung Objektkonstanz schafft.

Das Auge der Vernunft oder, allgemeiner gesagt, das Auge des Geistes, hat teil an einer Welt der Ideen, der Bilder, der Logik und der Begriffe. Im modernen Denken beruht sehr viel allein auf dem empirischen Auge, und wir müssen uns daher vergegenwärtigen, daß das mentale Auge nicht auf das Auge des Fleisches zurückgeführt werden kann. Das mentale Feld beinhaltet zwar das sensorische Feld, transzendiert es jedoch auch. Das Auge des Geistes ist für ein Großteil seiner Informationen auf das Auge des Fleisches angewiesen, aber daraus folgt nicht, daß geistiges Erkennen aus fleischlichem Erkennen hervorgeht oder sich ausschließlich mit empirischen Gegenständen beschäftigt. Die Wahrheit einer logischen Ableitung besteht in ihrer inneren Konsistenz und nicht in Beziehung zu Sinnesobjekten.

Das Auge der Kontemplation verhält sich zum Auge der Vernunft wie das Auge der Vernunft zum Auge des Fleisches. Die Vernunft transzendiert das Fleisch, und die Kontemplation transzendiert die Vernunft. Kontemplation kann ebenso wenig auf den Verstand zurückgeführt oder aus ihm abgeleitet werden wie der Verstand aus dem fleischlichen Erkennen. Wenn wir das Auge des Verstandes trans-empirisch nennen, so ist das Auge der Kontemplation trans-rational, trans-logisch und trans-mental.

Nehmen wir einfach an, daß alle Menschen ein Auge des Fleisches, ein Auge des Verstandes und ein Auge der Kontemplation besitzen, daß jedes Auge seine eigenen Erkenntnisgegenstände hat (sinnlich, mental, transzendental), daß ein höheres Auge nicht durch ein niedrigeres zu erklären ist und daß jedes Auge in seinem eigenen Wirkungsbereich gültige Erkenntnisse gewinnt, aber in die Irre geht, sobald es versucht, höhere oder niedrigere Bereiche ganz zu erfassen.

Ich möchte hier vor allem eines betonen: Wenn ein Auge sich die Rolle eines der anderen Augen anmaßt, stellt sich notwendigerweise ein Kategorialfehler ein. Und das gilt für beide Richtungen, denn das Auge der Kontemplation ist ebenso wenig in der Lage, die Gegenstände des empirischen Auges zu erfassen, wie das empirische Auge die Wahrheiten des kontemplativen Auges begreifen kann. Sinneswahrnehmungen, Verstand und Kontemplation enthüllen ihre eigenen Wahrheiten in ihrem jeweiligen Bereich, und sobald ein Auge für das andere zu sehen versucht, verschwimmt ihm alles.

Dieser Typ von Kategorialirrtum ist für fast jede größere Religion zu *dem* Problem geworden.

Buddhismus, Christentum und andere Religionen gelangten in ihren größten Vertretern zu höchster Wirklichkeitsschau, doch solche transverbalen Einsichten wurden von späteren ‚Gläubigen' unweigerlich mit rationalen Wahrheiten und empirischen Fakten durcheinandergeworfen. Das Vermögen zwischen dem Auge des Fleisches, des Verstandes und der Kontemplation zu unterscheiden, war noch nicht genügend ausgebildet. Man versuchte beispielsweise, die Offenbarung mit der Logik und empirischen Fakten in Verbindung zu bringen und alle drei als *eine* Wahrheit zu präsentieren. Daraus ergab sich zweierlei: Die Philosophen machten sich daran, die rationale Seite der Religion zu demontieren, und die Naturwissenschaft zerpflückte ihre empirische Seite. Damit war die Spiritualität im Westen „erledigt", und nur Wissenschaft und Philosophie überlebten.

Es dauerte nicht lange, bis auch die Philosophie, das rationale System, das vom Auge des Geistes hervorgebracht wurde, in die gleiche Mühle geriet und dem neuen wissenschaftlichen Empirizismus zum Opfer fiel. Von diesem Punkt an besaß das menschliche Erkenntnisvermögen im Abendland nur noch ein Instrument, das Auge des Fleisches.

Aus Wissenschaft wurde Szientismus, eine Haltung, die sich anmaßt, nicht nur für das Auge des Fleisches, sondern auch für das geistige und das kontemplative Auge sprechen zu können. Damit unterlag die neue Wissenschaftlichkeit natürlich genau dem Kategorialirrtum, den sie in der dogmatischen Theologie aufgespürt hatte und für den sie die Religion so teuer hatte bezahlen lassen. Der Szientismus ist ein gewaltsamer Versuch, die Aufgaben aller drei Augen von der empirischen Wissenschaft allein versehen zu lassen. Für diesen Versuch hat nicht nur die Wissenschaft selbst, sondern die Welt insgesamt teuer bezahlt.

So wurde das Kriterium der Wissenschaftlichkeit zum einzigen Kriterium für die Wahrheit, ein Kriterium also, das nichts weiter beinhaltet, als die Prüfung durch das Auge des Fleisches auf der Grundlage von Messungen. Diese Haltung der Naturwissenschaftler, ihr Anspruch, das Ganze erklären zu können, war, wie Whitehead sagt, „reiner Bluff". Sie waren jetzt überdies gezwungen zu behaupten, daß alles, was das empirische Auge nicht sehen kann, nicht existiert. Niemand kam auf die Idee, daß es das, was es nicht sehen kann, eben einfach nicht sehen kann.

Beweise – der wunde Punkt

Halten wir fest, daß wissenschaftliches Erkennen nicht die einzige Weise des Erkennens ist, sondern nur das methodisch eingesetzte Auge des Fleisches; darüber gibt es noch das geistige und das kontemplative Erkennen. Wenn wir also feststellen, daß die Transpersonale Psychologie keine Wissenschaft ist, so bedeutet das nicht, daß sie gegenstandslos, nicht-verifizierbar, antirational, nicht-kognitiv und letztlich sinnlos ist. Transpersonale Psychologen pflegen sehr nervös zu werden, wenn jemand sagt, die Transpersonale Psychologie sei keine Wissenschaft; wir alle haben uns von den Wissenschaftlern einimpfen lassen, daß ‚unwissenschaftlich' gleichbedeutend ist mit ‚nicht-verifizierbar'. Aber welche anderen Möglichkeiten der Verifikation haben wir denn außer der wissenschaftlichen?

Dies wird nur deshalb zum Problem, weil wir nicht sehen, daß alle Weisen des Erkennens die gleiche Grundstruktur aufweisen. Alles Erkennen besteht aus drei Grundkomponenten:

1. Die instrumentelle oder operationale Komponente beinhaltet einfache oder komplexe, interne oder externe Verfahrensanweisungen von der Form: „Wenn du das sehen willst, dann tu dies."
2. Die illuminative Komponente beinhaltet das erkennende Sehen durch das jeweilige Auge, das von der instrumentellen Komponente aktiviert wurde. Hieran kann sich anschließen:
3. Die Konsens-Komponente, die beinhaltet, daß alle, die mit dem gleichen Auge schauen, dasselbe sehen. Wenn diese gemeinsame Schau von allen bestätigt wird, ist damit der Beweis für ihre Gültigkeit erbracht.

Alle Weisen des Erkennens, gleichgültig mit welchem Auge, weisen diese Komponenten auf. Nun beinhaltet die operationale Komponente die Forderung, das durch die jeweilige Anweisung angesprochene Auge zu schulen, damit es die Eindrücke, die es zu empfangen hat, überhaupt aufnehmen kann. Das gilt für Kunst, Wissenschaft, Philosophie und Kontemplation, kurz für alle Formen wirklichen Erkennens.

Weigert sich jemand, ein bestimmtes Auge zu schulen, so bedeutet das zugleich die Weigerung, mit diesem Auge zu sehen, und wir tun ganz recht daran, auf die Ansichten dieses Menschen nichts zu geben und ihn bei der gemeinschaftlichen Verifikation unserer Erfahrung nicht zu berücksichtigen. Einem Menschen, der von Geometrie nichts weiß und auch nichts wissen will, wird man wohl kaum ein Urteil über die Wahrheit des Pythagoräischen Lehrsatzes zugestehen. Einem Menschen, der sich weigert, Kontemplation zu erlernen, kann man kein Urteil über die Wahrheit des Buddhawesens zugestehen.

Ich glaube, das wichtigste, was die Transpersonale Psychologie zu tun hat, besteht darin, Kategorialfehler zu vermeiden, also das Auge des Fleisches, das Auge des Geistes und das Auge der Kontemplation nicht miteinander zu verwechseln. Wenn jemand fragt: „Wo ist denn dein empirischer Beweis für die Transzendenz?" brauchen wir nicht in Panik zu geraten. Wir erläutern ihm die Instrumente, Anweisungen und Methoden unseres Erkennens und fordern ihn auf, der Sache selbst auf den Grund zu gehen. Wenn er akzeptiert und die Anweisungen der operationalen Komponente befolgt, kann er ein Mitglied der Gemeinschaft jener werden, deren Auge für den Bereich des Transzendenten empfänglich ist. Bis dahin aber fehlt diesem Menschen jede Möglichkeit, sich eine Meinung über den transpersonalen Bereich zu bilden. Wir brauchen auf sein Urteil nicht mehr zu geben als ein Physiker auf das Urteil eines Menschen, der sich weigert, Mathematik zu lernen.

Einstweilen muß der transpersonale Psychologe einfach versuchen, Kategorialfehler zu vermeiden. Er sollte transzendente Einsichten nicht als empirische wissenschaftliche Fakten präsentieren, denn solche Einsichten können nicht *wissenschaftlich* verifiziert werden, und wenn man es doch versucht, wird die Transpersonale Psychologie bald in dem Ruf stehen, daß sie eine Ansammlung unsinniger Aussagen ist. Ein transpersonaler Psychologe darf unbekümmert das empirische Auge benutzen, um ergänzende Daten zu gewinnen; er darf ebenso unbekümmert das geistige Auge benutzen, um zu koordinieren, zu klären, kritisch zu sichten und Synthesen herzustellen; aber diese Bereiche dürfen nicht miteinander und vor allem nicht mit dem Bereich der Kontemplation verwechselt werden. Vor allem dürfen die Augen des Fleisches und des Verstandes sich nicht einbilden, sie hätten die Transzendenz bewiesen oder auch nur angemessen beschrieben. Je mehr Fehler dieser Art dem transpersonalen Psychologen unterlaufen, desto näher rückt das gesamte Feld vom Schicksal der mittelalterlichen Theologen: Es wird Pseudowissenschaft und Pseudophilosophie und wird von echten Wissenschaftlern und Philosophen mit Recht dem Erdboden gleichgemacht.

Die Transpersonale Psychologie ist in einer besonders begünstigten Lage, denn sie besitzt in ihrer Weise, sich der Wirklichkeit zu nähern, einen so ausgewogenen und vollständigen Ansatz, wie er sonst nirgends zu finden ist – einen Ansatz, der weder das Auge des Fleisches noch das Auge des Geistes, noch das Auge der Kontemplation ausschließen muß, sondern sich aller drei bedienen kann. Ich glaube, die Geschichte des Denkens wird erweisen, daß es unmöglich ist, mehr zu tun, aber katastrophal, weniger zu tun.

Die Kosmostrilogie

Allenthalben wird die Zersplitterung des Welt- und Menschenbildes in unserer modernen und postmodernen Zeit beklagt. Nicht zuletzt die Ökologen sehen ein geschlossenes Weltbild und eine entsprechende Wertwelt als notwendige Voraussetzung, um die Menschheit vor der ökologischen Katastrophe zu bewahren. Aber ist eine solche Geschlossenheit noch möglich? Hat die Philosophie angesichts der Überfülle des Fachwissens auf allen Gebieten und auch der multikulturellen Wertvorstellungen nicht längst resigniert und auf die Aufgabe verzichtet, als ‚Königin der Wissenschaften' ein solches Weltbild zu liefern?

Wohl wissend, wie waghalsig ein solches Unterfangen ist, versucht Wilber es trotzdem. Er fragt nach Ursprung und Ziel alles Seienden, nach seinem Sinn. Seinem Entwicklungskonzept getreu beginnt er dann beim Urknall und verfolgt den Verlauf der Evolution von der Materie über die Entstehung des Lebens bis zur Entstehung des Geistes. Er stellt diese Entwicklungsgeschichte auf der äußeren naturwissenschaftlich erfaßbaren Ebene und auf der inneren, subjektiv erfahrbaren Ebene des Bewußtseins dar und bringt dabei die objektivierende Naturwissenschaft auf eine genial einfache Weise in Verbindung mit Geistigem und Spirituellem. Letztendlich ist für ihn im Sinne von Plotin, Schelling, Hegel und anderen die Evolution des Universums die Entfaltung Gottes in der Welt. „Gott schläft im Stein, atmet in der Pflanze, träumt im Tier und erwacht im Menschen." Mit diesem opus magnum ist Wilber endgültig zum sehr ernst zu nehmenden Philosophen geworden.

Nach den einführenden Grundfragen beginnt das folgende Kapitel mit der Grundstruktur des neuen Weltbildes: ‚Die vier Ecken der bekannten Welt', der dazu gehörigen

Erkenntnistheorie: ‚Die vier Gesichter der Wahrheit' und schließlich einem wesentlichen Grundkonzept, dem ‚Holon' und seinen Gesetzmäßigkeiten.

Dem folgt ein eher konkreter Teil, in dem zwei zentrale Themen unserer Zeit, die Ökologie und die Rollen von Mann und Frau in ihrer geschichtlichen Entwicklung, ihrer derzeitigen Problematik und ihren Lösungsmöglichkeiten dargestellt werden.

Im letzten Teil des Kapitels geht es um Weisheit, Liebe und die ‚Selbstverwirklichung Gottes', das heißt, um globale Spiritualität. Spannend ist dabei besonders die Zusammenschau von Aufsteigern und Absteigern und das männliche und das weibliche Gesicht Gottes. Und schließlich durfte wenigstens ein Artikel über die enge Verwandtschaft der deutschen idealistischen Philosophie des 19. Jahrhunderts mit dem Denken Wilbers nicht fehlen.

Die Beiträge in diesem Kapitel sind teils gekürzte Darstellungen aus ‚Eros, Kosmos, Logos' (Krüger 1987), teils stammen sie aus einem ‚Interview', das Wilber der Herausgeberin schickte, weil sein Schreiben ihm keine Zeit zu einem persönlichen Gespräch ließ. Wilber erweiterte später dieses ‚Interview' zur Populärfassung von ‚Eros, Kosmos, Logos: A Short History of Everything'. Shambala 1996).

Die Große Kette in neuer Gestalt

24. Ist es nicht seltsam? – Grundfragen

Eine seltsame Welt ist das. Vorher war absolut nichts, dann, vor etwa fünfzehn Milliarden Jahren, platzte offenbar in weniger als einer Nanosekunde das materielle Universum ins Dasein.

Noch seltsamer ist, daß die so entstandene Materie kein konturloser chaotischer Brei war, sondern sich zu immer komplexer verschachtelten Formen ordnete. So komplex waren diese Formen, daß manche von ihnen Jahrmilliarden später fähig wurden, sich selbst zu reproduzieren, und so ging aus Materie das Leben hervor.

Und das ist noch längst nicht das Allerseltsamste, denn diesen Lebensformen genügte es offenbar nicht, sich zu reproduzieren; vielmehr traten sie den Weg einer langen Evolution an, die ihnen schließlich erlaubte, sich nicht allein zu reproduzieren, sondern auch zu repräsentieren, das heißt, Zeichen und Symbole und Begriffe hervorzubringen. So ging aus dem Leben der Geist hervor.

Hinter diesem Evolutionsprozeß, was auch immer man sonst in ihm sehen mag, scheint ein ungeheurer Antrieb gestanden zu haben – von der Materie zum Leben zum Geist.

Aber noch viel seltsamer: Vor gerade mal ein paar Jahrhunderten wurde die Evolution auf einem kleinen, kaum bemerkenswerten Trabanten eines unbedeutenden Sterns ihrer selbst bewußt.

Und von genau diesem Zeitpunkt an begann eben das, was der Evolution ihrer selbst bewußt zu werden erlaubte, auf seinen eigenen Untergang hinzuarbeiten.

Und das ist das Allerseltsamste.

25. Die vier Ecken der bekannten Welt

Die große Kette des Seins ist eine Hierarchie: Jede höhere Ebene transzendiert ihre Vorgänger und schließt sie ein. In Plotins Version haben wir zum Beispiel Materie, Leben, Empfindung, Wahrnehmung, Impuls, Bild, Begriff, Logik, kreative Vernunft, Weltseele, Nous und das Eine. Auch die moderne Systemtheorie hat ihre eigene allgemeine Hierarchie: subatomare Partikel, Moleküle, Zellen, Zellgewebe, Organismen, Gesellschaften von Organismen, Biosphäre, Universum. Diese beiden Hierarchien scheinen von derselben Sache zu handeln, aber ihre Begriffe passen irgendwie nicht zusammen. Es wäre ein bedeutender Schritt in Richtung Integration von Praemodernem und Modernem, wenn man eine Verbindung zwischen den beiden Hierarchien finden könnte.

Ich habe Hunderte von Hierarchien von der Systemtheorie und der Ökologie bis zur Vedanta und dem neuplatonischen Corpus untersucht. Dabei habe ich gefunden, daß die beiden Hierarchien der traditionellen Religion und der modernen Wissenschaft tatsächlich Teil eines universellen Musters sind, das nicht nur zwei, sondern vier Hauptformen hat – und diese Hierarchien waren sogar untereinander zutiefst verbunden. Sie beschäftigen sich mit dem Inneren und dem Äußeren des Individuellen und des Kollektiven (ich werde das gleich erklären).

Das ist eine interessante Entwicklung. Was, wenn diese vier Hierarchieformen tatsächlich existierten? Variationen davon finden sich in allen Kulturen und allen Epochen. Was, wenn diese Quadranten intrinsische Aspekte des Kosmos selbst wären? Da diese Quadranten sowohl Inneres als auch Äußeres einschließen, könnten sie wichtige Hinweise auf die Beziehung zwischen Religion und Wissenschaft liefern? Vielleicht, vielleicht auch nicht. Aber es sieht sehr danach aus. Lassen Sie uns damit beginnen, alle vier Quadranten nacheinander genauer zu betrachten.

Die Außenseite des Individuellen

Der obere rechte Quadrant ist die Standarddarstellung der individuellen Komponenten des Universums: Atome, Moleküle, einzelne Zellen, mehrzellige Organismen, einschließlich (mit zunehmender Komplexität) Organismen mit Nervenbahnen, Reptilienhirn, limbisches System, Neokortex, komplexer Neokortex (mit seinen höheren Strukturfunktionen SF1, SF2 und SF3).

Jede Einheit transzendiert ihre Vorgänger und schließt sie ein. Jedes höhere Element enthält und umfaßt die darunterliegenden als Komponenten des eigenen Aufbaus, aber fügt auch etwas Neues hinzu, das sich auf den unteren Stufen

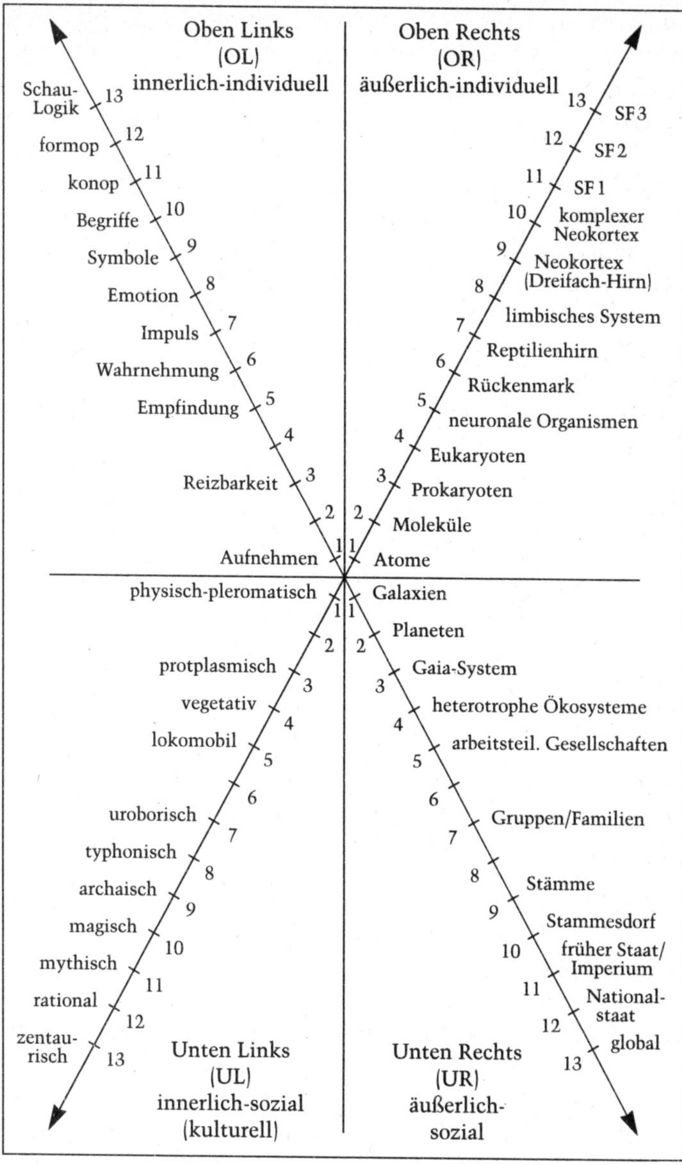

Abb. 5 Einige Details der vier Quadranten

nicht findet. Jedes Element ist also ein Ganzes und gleichzeitig ein Teil eines anderen Ganzen: ein ganzes Atom ist Teil eines ganzen Moleküls, ein ganzes Molekül ist Teil einer ganzen Zelle und so weiter. Jedes Element ist weder ein Ganzes noch ein Teil, sondern ein Teil/Ganzes.

Arthur Köstler fand das wunderbare Wort Holon für solche Teil/Ganze. Natürliche Hierarchien auf allen Gebieten setzen sich aus solchen Holonen, Ganzen, die gleichzeitig Teile eines größeren Ganzen sind, zusammen. Deswegen fand Köstler, man solle diese Hierarchien Holarchien nennen. Sie alle zeigen eine wachsende Ganzheit, Einheit und funktionelle Integration. (Es sei denn, es gibt Pathologisches in der Holoarchie, das sich entwickelt, wenn in dem Prozeß der Differenzierung und Integration etwas schief geht. Viele anti-hierarchischen Kritiker verwechseln die natürliche Holoarchie mit pathologischer Holoarchie und verdammen auf katastrophale Weise beides.)

Die Tatsache, daß jedes Holon ein Teil/Ganzes ist, bringt jedes Holon in Spannung: um zu existieren, muß es eigene Identität als relativ autonomes Ganzes wahren; aber es muß sich auch an andere Holonen anpassen, die Teil seiner Umgebung sind.

Die Außenseite des Kollektiven

Die Gesellschaftsformen des Holons, wie sie die moderne Wissenschaft sieht, finden sich im unteren rechten Quadranten. Er mag zunächst etwas verwirrend aussehen, denn im oberen rechten Quadranten wurde jedes höhere Stadium auch größer (Moleküle sind zum Beispiel größer als Atome). Aber im unteren rechten Quadranten wird jede höhere Ebene kleiner. Wie kommt das?

Es gibt zwei Gründe dafür: Erstens werden es immer weniger Holone, je höher man kommt, da individuelle Holone ihre Vorgänger enthalten und integrieren (es wird immer weniger Zellen als Moleküle geben, weniger Moleküle als Atome, weniger Atome als Quarks usw.). Zweitens wird das höhere Kollektiv kleiner sein als seine Vorgänger, weil es auf jeder höheren Ebene weniger Holone gibt als auf den vorhergehenden. Familien sind kleiner als Ökosysteme, Ökosysteme sind kleiner als Planeten, Planeten sind kleiner als Galaxien.

Das wird allgemein in der Formel zusammengefaßt: *Evolution schafft größere Tiefe und geringere Spannweite.* Jedes höhere Holon hat mehr Tiefe (es umschließt mehr vorhergehende Holone als Bausteine) aber es gibt weniger Holone dieser größeren Tiefe, und somit wird das Kollektiv immer kleiner. Es gibt mehr Atome als Bakterien, mehr Bakterien als Insekten, mehr Insekten als Säugetiere, mehr Eicheln als Eichen, mehr Erstkläßler als Studenten. Je größer ihre Differenziertheit und Komplexität, desto seltener werden die Holone.

Die Innenseite des Individuellen

Im oberen linken Quadranten findet sich die Holarchie der inneren Wahrnehmung. Diese Holarchie bewegt sich vom simplen Aufnehmen zur Reizbarkeit (die Fähigkeit des Protoplasmas, auf äußere Stimuli zu reagieren), zur Empfindung, zur Wahrnehmung, zum Impuls, zur Emotion, zum Bild, zum Symbol, Begriff, ‚konop', ‚formop', und schöpferischer Vision (Schau-Logik). Auch hier bilden die früheren und unteren Holons die Komponenten der höheren, die jeweils etwas Neues hinzufügen, was es auf den unteren Ebenen nicht gab.

Es ist eine *innere* Holarchie, sie wurde just aus diesem Grunde vom wissenschaftlichen Materialismus, Behaviorismus und Positivismus abgelehnt. Für den Behaviorismus ist die Psyche oder der Geist (mind) empirisch nicht zu beobachten und daher nicht wissenschaftlich zu erforschen (im Klartext: nicht wirklich vorhanden). Andere Psychologieformen konnten sich nur langsam dagegen durchsetzen.

Die hier dargestellte Form der Holarchie ist jedoch inzwischen von den meisten modernen Entwicklungspsychologen (Maxlow, Piaget, Kohlberg, Gilligan, Loevinger u. a. m.) anerkannt. Sie ist auch der Hierarchie der klassischen und traditionellen Psychologien weitgehend ähnlich, wie sie von Aristoteles und Plotin bis Asanga und Aurobindo präsentiert werden. Was sie ziemlich einmütig berichten, sind einige der inneren Basisstrukturen des Individuums.

Beachten Sie den Unterschied zwischen dem Inneren des Individuums, der Psyche oder dem Geist, und dem Äußeren, zum Beispiel dem Gehirn. Was in Ihrem Geist vor sich geht, nehmen Sie direkt, unmittelbar und auf intime Weise wahr, alle die Gedanken und Gefühle, die Sehnsüchte und Wünsche, die Ihnen gerade jetzt durch den Kopf gehen. Das Gehirn lernt man in einer äußerlichen, objektivierenden Weise kennen. Das eigene Gehirn kann man tatsächlich nur sehen, wenn man den Schädel aufschneidet und dann in einen Spiegel sieht. Aber man nimmt jeden Augenblick wahr, was im eigenen Geist vor sich geht. Zweifellos sind Gehirn und Geist sehr eng verknüpft – sie sind zwei Seiten des persönlichen Bewußtseins –, aber es gibt auch fundamentale Unterschiede; man kann nicht das eine auf das andere reduzieren.

Die Innenseite des Kollektiven

Die individuellen Holons des oberen linken Quadranten leben in Gemeinschaften, wie alle Holone. Wenn individuelle und subjektive Wahrnehmungen anderen Individuen mitgeteilt und ausgetauscht werden, kommt eine gemeinsame Ansicht, ein gemeinsames Weltbild zustande. Und so wie die individuellen kognitiven Holons sich entwickeln, wenn sich die Wahrnehmung von der einfachen Empfindung zu Bildern und Begriffen erweitert, so wird auch das kollektive Weltbild immer tiefer und komplexer.

Diese kollektiven Weltbilder vom archaischen, magischen, mysthischen bis zum mentalen, werden im unteren linken Quadranten zusammengefaßt. Auch dieser Quadrant repräsentiert einen generellen Konsens von Gelehrten wie Gebser, Heard, Bellah und Habermas.

Diese Innenseite des Kollektiven bezeichnen wir als kulturell, die Außenseite als sozial. Beides sind intrinsische Aspekte dessen, was und wie wir sind, aber den einen kennen wir von innen, den anderen von außen.

26. Die vier Gesichter der Wahrheit

Der Urknall hat alle, die denken, zu Idealisten gemacht. Zuerst war nichts, und dann manifestierte sich in weniger als einer Nano-Sekunde das gesamte materielle Universum. Diese frühen materiellen Prozesse gehorchten offenbar mathematischen Gesetzen, die auf irgendeine Weise vor dem Urknall existierten, da sie von Anfang an wirksam waren. Von den beiden großen philosophischen Orientierungen – Materialismus und Idealismus –, scheint der Urknall (was immer er sonst noch bewirkt haben mag) der einen, nämlich dem Materialismus, den Todesstoß versetzt zu haben.

Diese idealistische Tendenz in der modernen Physik läßt sich mindestens bis auf die Zwillingsrevolutionen der Relativitäts- oder der Quantentheorie zurückverfolgen. Tatsächlich waren die meisten Pioniere dieser Revolutionen – Einstein, Heisenberg, Schroedinger, de Broglie, Planck, Pauli, Eddington – Idealisten oder Tanszendentalisten der einen oder anderen Art. „Das Universum ähnelt immer mehr einem großen Gedanken als einer großen Maschine", hat Sir James Jeans den Erkenntnisstand seiner Zeit zusammengefaßt. Auf eine Weise, gegen die sicherlich keiner jener Pioniere der modernen Physik etwas einzuwenden gehabt hätte, vertrat er die Ansicht, die einzig sinnvolle Erklärung des Universums sei, daß dieses „im Geiste eines ewigen höheren Wesens" existiere.

Und was hat dies mit Psychologie und Psychiatrie zu tun? Beginnen wir mit der Tatsache, daß „geistige Gesundheit" immer als „mit der Realität ‚in Kontakt' sein" definiert wird. Doch was ist, wenn wir uns an die härteste unter den Wissenschaften wenden, um etwas über das Wesen dieser grundlegenden Realität zu erfahren, und dann wird uns rüde gesagt, diese Realität existiere „im Geist eines ewigen höheren Wesens"? Was dann? Und wenn wir diesen Physikern nicht glauben, wem sollen wir dann glauben? Wenn es darum geht, geistige Gesundheit zu erlangen, mit welcher Realität sollen wir dann in Kontakt sein?

Eines der großen Probleme dieser „spirituellen" Perspektive ist, daß diese Schlußfolgerungen jedem, der kein theoretischer Physiker ist und der sich nicht täglich mit Themen dieser Art beschäftigt, als nicht stichhaltig, zu spekulativ, zu weit hergeholt oder gar als gespenstisch erscheinen. Ganz zu schweigen von der Tatsache, daß jeder dahergelaufene Theologe östlicher wie westlicher Herkunft mittlerweile die Hintertürchen wissenschaftlicher Naturbeschreibungen benutzt, um seine Version Gottes zu untermauern.

Deshalb gehen die meisten modernen Wissenschaftler, Physiker, Psychologen und Psychiater ihrer Arbeit nach, ohne zuzulassen, daß derartige „idealistische Spekulationen" ihren Blick trüben. Das Gehirn wird als bio-materieller Informationsprozessor verstanden, der sich wissenschaftlich und objektiv erklären läßt, und die Information, die es verarbeitet, besteht aus nichts weiter als *Repräsentationen* der *empirischen* Welt.

Aber so erfahren wir unser eigenes Bewußtsein nicht. Denn wenn Sie und ich in uns hineinschauen, so finden wir dort keine Welt aus Bytes und Bits und digitalen Spekulationen, sondern eine Welt der Bilder und des Verlangens, des Hungers und des Schmerzes, der Gedanken und Ideen, der Wünsche und des Wollens, der Intentionen und des Zögerns, der Hoffnungen und Ängste. Und diese inneren Informationen sind uns einfach gegeben, sie tauchen plötzlich auf, und wir beachten sie in dem Maße, wie es uns der Mühe wert erscheint. Und selbst wenn wir uns vorzustellen versuchen, daß das Bewußtsein aus nichts weiter als Informationseinheiten besteht, die durch neuronale Netze jagen, so ist diese Vorstellung selbst uns doch nur in einem inneren und direkten Wahrnehmen bekannt.

Seit Menschen nach Erkenntnis suchen, gibt es diese beiden unterschiedlichen und sich scheinbar widersprechenden Wege: innerlich versus äußerlich.

Einerseits gibt es die Ansätze, die mit dem objektiv, empirisch und oft auch quantitativ Beobachtbaren beginnen. Diese Ansätze, die wir „äußerlich", „naturalistisch" oder „empirisch-analytisch" nennen – sehen die materielle oder empirische Welt als die grundlegendste an, weshalb alle theoretischen Erwägungen sorgsam durch empirisch Beobachtbares untermauert werden müssen. In der *Psychologie* verkörpert der klassische Behaviorismus diese Tendenz, in der *Soziologie* der klassische Positivismus, und selbst in der *Theologie* und *Metaphysik* geht dieser naturalistische Ansatz von gewissen empirischen und materiellen Gegebenheiten aus und versucht dann, die Existenz des GEISTES aufgrund empirischer Realitäten zu *deduzieren:* Gott gibt es, weil es seine Schöpfung gibt.

Diesen naturalistischen und empirischen Ansätzen stehen diejenigen gegenüber, die bei der unmittelbaren Gegebenheit des Bewußtseins selbst ansetzen; wir werden sie „innere", „introspektive und interpretative" Ansätze nennen. Sie leugnen nicht die Bedeutung empirischer oder objektiver Fakten, doch weisen sie darauf hin, daß die einzig *wirklich* direkte Erfahrung, die uns allen zur Verfügung steht, unsere eigene unmittelbare und innere Erfahrung ist. Von dieser Erfahrung sind alle anderen Fakten abgeleitet.

In der *Psychologie* manifestiert sich dieser subjektive Ansatz in den verschiedenen Schulen der Tiefenpsychologie, der Psychoanalyse, der Jungschen Analytischen Psychologie, der Gestaltpsychologie, der phänomenologisch-existentiellen und der humanistischen Psychologie – ganz zu schweigen von der riesigen Zahl der kontemplativen und meditativen Psychologien des Ostens wie des Westens. Alle diese Traditionen gehen von unmittelbar erfahrenen inneren Zuständen und von direkt erfahrenen Realitäten aus, und ihre Theorien basieren auf diesen unmittelbaren Fakten.

Diese Schulen interessieren sich weniger für *Verhalten* als für *Bedeutung* und *Interpretation* psychologischer Symbole, Symptome und Zeichen. Schon der Titel von Freuds erstem bedeutendem Buch verrät alles: *Die Traumdeutung.* Träume sind innere symbolische Erzeugnisse. Doch alle *Symbole* müssen *interpretiert* werden.

In der Soziologie manifestiert sich der subjektivistische Ansatz in den einflußreichen Schulen der Hermeneutik (‚Hermeneutik' ist die Kunst und Wissenschaft der Interpretation) und der interpretierenden Soziologie. Versuchen wir uns dies anhand des Regentanzes der Hopi zu veranschaulichen. Ein typischer objektiv-funktionalistischer Ansatz erklärt die Existenz des Tanzes als festen Bestandteil des sozialen Handlungssystems und notwendigen Aspekt der Integration. Der Tanz erfüllt im Gesamtsozialsystem eine Funktion, die den Eingeborenen im allgemeinen unbekannt ist. Sie besteht darin, das soziale Handlungssystem zu erhalten.

Der hermeneutische soziologische Ansatz hingegen versucht, sich in die Perspektive des Eingeborenen einzufühlen und den Tanz sozusagen *von innen,* aus einer mitfühlenden Haltung heraus zu verstehen. Und der Anhänger der interpretierenden Soziologie stellt als „teilnehmender Beobachter" fest, daß der Tanz sowohl der Naturverehrung als auch der einfühlsamen Naturbeeinflussung dient und schließt, daß der Tanz phänomenologisch eine Form des Sich-Verbindens mit einem als heilig empfundenen Bereich ist.

In der *Theologie* und *Metaphysik* divergieren die inneren und äußeren Ansätze stark. Der objektivistische Ansatz geht von empirischen und materiellen Fakten aus und versucht, von diesen die Existenz transzendentaler Realitäten herzuleiten. Thomas von Aquin zum Beispiel versucht bei den meisten seiner zahlreichen Gottesbeweise zu zeigen, daß die Schöpfung die Existenz eines Schöpfers zwingend erfordert. Und bis auf den heutigen Tag veranlaßt immer noch viele Physiker und Mathematiker das „Argument der Existenz einer Struktur" *(argument from design)* zu dem Schluß, daß es irgendeine Art von Schöpfer jener Struktur geben muß. Zu diesen Ansätzen zählt unter anderem auch das erst kürzlich entwickelte „anthropische Prinzip". Aus der Tatsache, daß die Existenz des Menschen in höchstem Maße unwahrscheinlich ist, er aber dennoch existiert, leitet dieser Ansatz ab, daß das Universum sich ganz einfach von Anfang an nach einem verborgenen Plan entwickelt haben muß.

Der subjektive, introspektive Ansatz hingegen versucht nicht, die Existenz des Höheren Geistes *(Spirit)* mittels Deduktion von empirischen Fakten oder Naturereignissen zu beweisen, sondern er richtet das Licht des Bewußtseins unmittelbar auf das Reich des Inneren – den einzigen Bereich, in dem es wirklich unmittelbare Tatsachen gibt –, und hält in dem, was diese Tatsachen erkennen lassen, nach dem Höheren Geist Ausschau. Meditation und Kontemplation werden zum Musterbeispiel, zur tatsächlichen Praxis, auf welcher alles Theoretisieren basieren muß. Der innere, nicht der äußere Gott wird zum Orientierungspunkt. Im Westen haben vor allem Plotin und Augustinus diesen Pfad beschritten.

In der *Philosophie* selbst entspricht dem die ungeheure Divergenz zwischen den modernen angelsächsischen und den kontinentalen Ansätzen. Der typische angelsächsische (britische und amerikanische) empirisch-analytische Ansatz, geht bis auf die Zeit von John Locke und David Hume zurück. Und Wittgenstein verkündet in seinem *Tractatus* „Wir machen Bilder von (empirischen) Tatsachen", wobei dann das Ziel aller echten Philosophie ist, diese empirischen Bilder von der empirischen Welt zu analysieren und zu erklären. Keine empirischen Bilder, keine echte Philosophie.

Diese Anschauung ist den großen Philosophen des europäischen Festlandes immer als naiv und oberflächlich erschienen. Zuerst und am deutlichsten von Immanuel Kant und in unterschiedlichen Gewandungen auch von Schelling,

Hegel, Nietzsche, Schopenhauer, Heidegger, Derrida und Foucault. Immer wieder wurde die dramatische These verkündet, daß die sogenannte „empirische" Welt in vielen wichtigen Aspekten nicht nur eine *Wahrnehmung*, sondern eine *Interpretation* sei.

Die angeblich einfache „empirische" und „objektive" Welt liegt nicht nur einfach „da draußen" und wartet darauf, daß jedermann sie sieht. Vielmehr ist die „objektive" Welt in subjektive und intersubjektive Kontexte und Hintergründe gestellt, die auf vielerlei Weisen das, was in jener „empirischen" Welt gesehen wird und was gesehen werden *kann*, beherrschen. Es genügt nicht, Bilder von der objektiven Welt zu machen, man muß auch die Strukturen im Subjekt untersuchen, die die Produktion der Bilder überhaupt ermöglichen. Denn die Fingerabdrücke des Kartenmachers finden sich auf der gesamten Landkarte, die er gemacht hat. Somit liegt der geheime Zugang zum Universum nicht nur in den objektiven Landkarten, auch der subjektive Kartenmacher spielt dabei eine gewichtige Rolle.

Die Tatsache, daß beide Ansätze, der äußere wie der innere, der objektivistische wie der subjektivistische, sich in praktisch allen Bereichen menschlichen Wissens zu allen Zeiten manifestiert und bekämpft haben, zeigt, daß beide Ansätze von großer Bedeutung sind. Das Ziel des transpersonalen Ansatzes wird immer sein, *beide* Tendenzen der menschlichen Suche nach Erkenntnis zu würdigen und zu integrieren.

Zur Integration dieser Wahrheiten

Die Beispiele, die ich für die verschiedenen Ansätze der Suche nach Erkenntnis angeführt habe, lassen sich sinnvoll nicht in zwei, sondern in vier große Lager einteilen. Denn man muß die *inneren* wie auch die *äußeren* Ansätze zusätzlich in individuelle und kollektive untergliedern. Es ergeben sich dann vier Bereiche, und in jedem dieser Bereiche oder Lager gibt es einflußreiche Schulen.

Innenorientiert/individuell	**außenorientiert/individuell**
interpretierend	monologisch
hermeneutisch	empirisch, positivistisch
Bewußtsein	Form
Freud	B. F. Skinner
C. G. Jung	John Watson
Piaget	John Locke
Aurobindo	Empirismus
Plotinus	Behaviorismus
Gautama Buddha	Physik, Biologie, Neurologie usw.
Innenorientiert/kollektiv	**außenorientiert/kollektiv**
Thomas Kuhn	Systemtheorie
Wilhelm Dilthey	Talcott Parsons
Jean Gebser	Auguste Comte
Max Weber	Karl Marx
Hans-Georg Gadamer	Gerhard Lenski

Im Kasten habe ich jedem der vier Bereiche einige bekannte Theoretiker zugeordnet. Der Quadrant oben links (OL) ist der individuelle nach innen gerichtete Aspekt (z. B. Freud). Der Quadrant oben rechts (OR) ist der individuelle nach außen gerichtete Aspekt (wie er im Behaviorismus zum Ausdruck kommt). Der Quadrant unten links (UL) repräsentiert den innenorientierten Aspekt des Kollektiven (z. B. die gemeinsamen kulturellen Wertvorstellungen und Weltanschauungen, die die interpretierende Soziologie untersucht). Und der Quadrant unten rechts (UR) schließlich ist der außenorientierte Aspekt des Kollektiven (z. B. das objektive soziale Handlungssystem, das die Systemtheorie erforscht).

Wir wollen uns mit diesen vier Bereichen anhand des Gedankens beschäftigen, zu einem Gemüsegeschäft zu gehen. Wenn ich diesen Gedanken habe, so erlebe ich ihn als Symbol, Bild, Idee – das ist der Aspekt des Quadranten oben links, der nach innen gerichteten individuellen Perspektive. Während ich diesen Gedanken habe, kommt es natürlich gleichzeitig und in Verbindung damit zu Veränderungen in meinem Gehirnstoffwechsel: Der Dopaminspiegel steigt, Azetylcholin springt an den Synapsen über, die Betawellen im Gehirn nehmen zu usw. Das läßt sich empirisch beobachten (allerdings nicht von mir selbst). Es ist der Bereich des Quadranten oben rechts (OR).

Was den inneren Gedanken (OL) angeht, so ist zu beachten, daß dieser nur in dem durch meinen kulturell vorgegebenen Zusammenhang sinnvoll ist. Spräche ich eine andere Sprache, so würde sich der Gedanke aus anderen Symbolen zusammensetzen, und er enthielte völlig andere Bedeutungen. Würde ich eine Million Jahre vor unserer Zeit in einer Stammesgesellschaft leben, so hätte ich den Gedanken „zum Gemüsehändler gehen" ganz sicher nicht. Ich würde dann vielleicht denken: „Es wird Zeit, daß ich einen Bären erlege." Meine individuellen Gedanken treten vor einem *kulturellen Hintergrund* in Erscheinung, der ihnen Struktur, Bedeutung und einen Kontext gibt, und ich wäre nicht einmal in der Lage „mit mir selbst zu sprechen", wenn ich nicht in einer Gemeinschaft von Menschen leben würde, die ebenfalls mit mir reden würden.

Meine Gedanken tauchen also nicht einfach wie aus dem Nichts in meinem Kopf auf; sie entstammen einem kulturellen Hintergrund, und so weit ich mich auch aus diesem Hintergrund entfernen mag, ich kann ihm nie völlig entfliehen, und ohne ihn hätte ich niemals Gedanken entwickeln können. Die bekannt gewordenen Fälle von „Wolfskindern", die von Tieren in der Wildnis großgezogen wurden, zeigen, daß das menschliche Gehirn, wenn es nicht durch eine Kultur unterstützt wird, also völlig auf sich selbst gestellt ist, keine Gedanken im linguistischen Sinne produziert. Meine individuellen Gedanken entstehen also nur vor einem riesigen Hintergrund kultureller Praktiken, Sprachen, Bedeutungen und Kontexten. Dies entspricht dem unteren linken Quadranten (UL), dem inneren Aspekt des Kollektiven, dem intersubjektiven Raum gemeinsamer kultureller Kontexte.

Doch schwebt meine Kultur nicht einfach idealistisch-körperlos irgendwo in der Luft. Alle *kulturellen* Ereignisse haben *soziale* Korrelate: Technologien, Produktionsmittel, Institutionen, Verhaltensgewohnheiten, Gesetze, geopolitische Orte usw., ein soziales System also. Dies gehört zum unteren rechten Quadranten, dem sozialen Handlungssystem. Und diese konkreten materiellen Komponenten haben entscheidenden Einfluß darauf, innerhalb welcher kulturellen Weltsicht sich meine eigenen Gedanken bilden.

Mein vermeintlich „individueller" Gedanke ist also in Wahrheit ein Phänomen, dem (mindestens) diese vier Aspekte eigen sind: der intentionale (OL), der des Verhaltens (OR), der kulturelle (UL) und der soziale (UR). Alle vier Aspekte sind miteinander verknüpft und beeinflussen einander. Jeder dieser vier Ansätze erschließt uns sozusagen eine Ecke des Kosmos. Jeder sagt uns etwas sehr Wichtiges über verschiedene Aspekte der bekannten Welt. Und keiner läßt sich ohne einen gewaltsam herbeigeführten Bruch, ohne Verzerrung und ohne Abtun auf die übrigen reduzieren.

Die Arten der Wahrheit und die Validität transpersonaler Kriterien für Wissen

Jeder dieser Quadranten hat eine spezielle Wahrheit und auch eine spezielle Form, diese Wahrheit zu überprüfen (Validitätskriterien).

Wege der linken Seite	**Wege der rechten Seite**
innerlich/individuell/OL	**äußerlich/individuell/OR**
subjektiv	objektiv
Wahrhaftigkeit	Wahrheit
Aufrichtigkeit	Entsprechung
Integrität	Repräsentation

Vertrauenswürdigkeit	propositionell
Ich	Es
innerlich/kollektiv/UL	**äußerlich/kollektiv/UR**
Wir	Es
Angemessenheit	funktionelles Passen
kulturelles Passen	systemtheoretisches Netz
gegenseitiges Verständnis	struktureller Funktionalismus
Richtigkeit	Ineinandergreifen des Sozialsystems
intersubjektiv	interobjektiv

Ein paar kurze Beispiele für die unterschiedlichen ‚Arten der Wahrheit' (Validitätskriterien).

Wahrheit
Die Wahrheit des oberen rechten Quadranten wird als repräsentational, propositional oder als Entsprechung bezeichnet. Die Aussage „Draußen regnet es" wird dann als *wahr* angesehen, wenn dies im betreffenden Augenblick den Tatsachen entspricht. Mit anderen Worten: Wenn die *Landkarte* dem *Gebiet* entspricht, so nennt man sie eine wahre Repräsentation oder eine wahre Entsprechung. Die meisten Menschen sind mit dieser Art von Wahrheit wohlvertraut. Sie ist in einem großen Teil der empirischen Wissenschaft und unseres Alltagslebens so allgegenwärtig, daß sie vielen als die einzige Wahrheit gilt.

Wahrhaftigkeit
Im oberen linken Quadranten hingegen lautet die Frage nicht: „Regnet es draußen?" Hier wird gefragt: „Wenn ich dir sage, daß es draußen regnet, sage ich dann die Wahrheit, oder lüge ich?" Nicht: „Entspricht die Landkarte dem Gebiet?" Sondern: „Kann man dem Kartenmacher vertrauen?"

Denn hier geht es weniger um äußeres beobachtbares Verhalten als um innere Zustände, und die *einzigen Möglich-*

keiten, mit Ihrem Inneren in Kontakt zu treten, sind Dialog und Interpretation. Wenn ich nicht nur Ihr Verhalten kennenlernen, sondern auch wissen will, wie Sie sich fühlen oder was Sie denken, muß ich mit Ihnen sprechen, und ich muß interpretieren, was Sie sagen. Doch wenn Sie mir Auskunft über Ihren inneren Zustand geben, können Sie mich natürlich anlügen. Und *Sie können sich sogar selbst anlügen.*

Und mit der Tatsache, daß Sie sich selbst anlügen könnten, betreten wir den Bereich der Tiefenpsychologie. Nach Ansicht praktisch aller tiefenpsychologischen Schulen ist „Neurose" im weitesten Sinne ein Zustand, in dem die Betroffenen nicht mit ihren wahren Gefühlen oder mit ihren tatsächlichen Bedürfnissen oder mit ihrem authentischen inneren Zustand in Verbindung sind. Die meisten Schulen stimmen darin überein, daß Neurotiker an irgendeinem Punkt ihrer Entwicklung angefangen haben, ihren eigenen inneren Zustand zu leugnen, zu unterdrücken, zu verbergen oder sich auf irgendeine andere Weise selbst darüber zu „belügen"; sie haben angefangen, ihren subjektiven Zustand falsch zu interpretieren. Und diese falschen Interpretationen, Verheimlichungen und Fiktionen umnebeln allmählich das Gewahrsein in der symbolischen Form schmerzhafter Symptome – verräterischer Spuren der Lügen, die sie in die Welt gesetzt haben.

Deshalb ist für diese Schulen Therapie zuerst und vor allem ein Versuch, die Betroffenen mit den eigenen inneren Zuständen, mit ihren Symptomen, Symbolen, Träumen und Wünschen in Kontakt zu bringen – und ihnen zu helfen, dieselben zutreffender und *wahrheitsgemäßer* zu interpretieren. Auf diese Weise lernt ein Mensch, sich selbst klarer zu sehen, mehr Transparenz und Offenheit sich selbst gegenüber zu entwickeln und seine Abwehr gegen die tatsächliche Lage der Dinge zu verringern.

Die Beurteilung meditativer Zustände ist völlig von der subjektiven Wahrhaftigkeit abhängig. Das ist ein völlig anderer Blickwinkel als derjenige der objektiven Physiologie meditativer Zustände. Das heißt, wenn Sie sich für die neurophysiologischen Veränderungen interessieren, die während der Meditation auftreten, so können Sie mich einfach an ein EEG-Gerät anschließen und die Veränderungen im Zustand meines Gehirns registrieren, ganz gleich, was ich selbst über die Erfahrungen, die ich mache, sage. Sie brauchen dazu nicht einmal mit mir zu sprechen. Die Maschine zeichnet auf, was in meinem Gehirn geschieht, und dabei spielt es keine Rolle, ob ich lüge oder nicht.

Doch wenn Sie wissen wollen, was in meinem Gewahrsein vor sich geht, müssen Sie mich befragen und mit mir sprechen – der Ansatz ist dann dialogisch und intersubjektiv, nicht monologisch und rein empirisch. Vom Ausschlag der Nadel am EEG-Gerät erfährt niemand, ob ich eine strahlende innere Vision habe, die von Mitgefühl und Liebe geprägt ist, oder ob ich gerade über eine neue Möglichkeit nachdenke, in den Spirituosenladen an der Ecke einzubrechen.

Die Physiologie der Meditation verläßt sich also auf objektive Fakten, für die der Maßstab der propositionalen Wahrheit gültig ist, wohingegen die meditative Phänomenologie sich auf subjektive Fakten verläßt, deren Maßstab Wahrhaftigkeit ist. Dieses Beispiel für den Umgang des oberen rechten und des oberen linken Quadranten mit dem Bewußtsein dürfte die Bedeutung und die Unterschiedlichkeit ihrer gleichermaßen wichtigen Validitätskriterien klargemacht haben.

Funktionelles Passen (functional fit)

Die beiden unteren Quadranten (innerlich-kollektiv und äußerlich-kollektiv) befassen sich mit dem *Kollektiven* oder Kommunalen. Beim Regentanz der Hopis, zum Beispiel, wahren die Vertreter des unteren rechten Lagers eine äußerlich und objektiv orientierte Haltung und erklären den Tanz danach, wie er in das soziale ‚Gesamtsystem' paßt. Dieses Gesamtsystem, das objektive, empirische Ganze, ist die primäre Wirklichkeit und bildet den Maßstab. Sein Validitätskriterium ist das *funktionelle Passen.* Deshalb muß jede Proposition mit dem Ineinandergreifen des gesamten Systems oder Geflechts in Verbindung gebracht werden.

Wir alle erkennen darin die Systemtheorie in ihren vielen Gewändern wieder. Und wenn wir Theorien über Gaia, über globale Systeme, ‚holistischen Netze', oder dynamische Prozesse hören, die allesamt zu einem großen empirischen Netz des Lebendigen miteinander verwoben sind, so sind alle diese Ansätze dem unteren rechten Quadranten und dem funktionellen Passen zuzuordnen.

Richtigkeit

Die Ansätze des unteren linken Quadranten beschäftigen sich damit, zu verstehen, wie *Subjekte* in Akten gegenseitigen *Verstehens* zueinanderfinden. Korrekt: Wenn ich und Sie zusammenleben wollen, müssen wir nicht nur den gleichen empirischen und physischen Raum bewohnen, sondern auch den gleichen intersubjektiven Raum gegenseitigen Erkennens und Anerkennens. Wir müssen zueinanderpassen, und das gilt nicht nur für unsere physischen Körper, die den gleichen physischen Raum bewohnen müssen, sondern es gilt auch für unser Subjekt-Sein im gleichen kulturellen, moralischen und ethischen Raum. Wir müssen Möglichkeiten finden, die Rechte unserer Mitmenschen und der Gemeinschaft anzuerkennen und zu respektieren. Diese Rechte sind nicht in der objektiven Materie zu finden, und es geht dabei auch nicht einfach um die Frage individueller Aufrichtigkeit und ebensowenig um ein funktionelles Zusammenpassen empirischer Ereignisse. Vielmehr müssen wir in einem intersubjektiven Raum geistig zusammenpassen, damit wir in der Lage sind, einander anzuerkennen und zu respektieren. Wir brauchen nicht unbedingt der gleichen Meinung zu sein, aber wir müssen die Position des anderen *anerkennen* – das Gegenteil dazu wäre schlicht Krieg.

Wir sind also nicht nur an der Wahrheit interessiert, nicht nur an der Wahrhaftigkeit und nicht nur am funktionellen Passen, sondern es geht uns um Angemessenheit (Korrektheit), Richtigkeit (Gerechtigkeit), Güte und Fairness. Dieser *intersubjektive Raum* (unser gemeinsamer kultureller Hintergrund) ist eine Komponente des menschlichen Seins, ohne die unsere individuelle subjektive Identität nicht existieren und objektive Wirklichkeiten nicht wahrgenommen werden könnten.

Man beachte, daß beide kollektiven Ansätze *holistisch* sind, daß sich die Sozialwissenschaften dem Ganzen jedoch von außen, aus einer objektiven oder empirischen Haltung heraus nähern, wohingegen die kulturelle Hermeneutik versucht, sich dem Ganzen aus der Perspektive eines mitfühlenden Begreifens zu nähern. Das Validitätskriterium ersterer basiert auf dem funktionellen (Zusammen-)Passen oder der inneren Verbundenheit des gesamten Systems, auf dem Zusammenpassen objektiver Prozesse. Das Validitätskriterium letzterer ist kulturelles Zusammen-Passen oder gegenseitige Anerkennung, und gegenseitiges Verstehen menschlicher Wesen.

Die beiden unteren Quadranten repräsentieren jeweils einen äußeren und einen inneren Holismus. Die meisten Theoretiker beschäftigen sich jedoch nur mit dem äußeren Holismus. Das ist ein bedauerlicher Ungleichgewichtszustand. Bisher hat es noch nie einen Holismus gegeben, der wirklich alle vier Quadranten auf allen Ebenen umfaßt, und ich halte es für ein zentrales Ziel transpersonaler Studien, die Entwicklung einer solchen Position zu fördern.

Das Fallibilitätskriterium

In den empirischen Wissenschaften versteht man Fallibilität üblicherweise so: Landkarten, Modelle und Bilder, die nicht den empirischen Tatsachen entsprechen, können durch neu gewonnene Fakten verdrängt werden. Dieses Fallibilitätsprinzip ist in allen echten Validitätskriterien wirksam, weshalb *Lernen* in allen vier Quadranten stattfinden kann; Fehler werden durch neugefundene Evidenz in den betreffenden Quadranten eliminiert.

Beispielsweise ist *Hamlet* ein interpretatives, kein empirisches Phänomen, und doch ist die Aussage „Im *Hamlet* geht es um die Freuden des Krieges" falsch – diese unzutreffende Interpretation kann rigoros abgelehnt werden von der Gemeinschaft derer, die

1. das *Experiment* ausführen (nämlich das Theaterstück namens *Hamlet* lesen)
2. interpretative *Daten* oder Wahrnehmungen sammeln (indem sie den Sinn des Theaterstücks im Lichte der gesamten verfügbaren Evidenz studieren); und
3. diese Daten mit den Ergebnissen anderer vergleichen, die das Experiment bereits durchgeführt haben (*konsensuelle* Validierung oder Ablehnung durch eine dem Vorhaben gemäße Gemeinschaft).

Diese drei Bestandteile jeder echten Wissensansammlung (Erfahrung/Experiment, Daten, Bestätigung) sind in allen genannten Validitätskriterien enthalten, die ihrerseits in den realen internationalen, verhaltensbestimmten, kulturellen und sozialen Domänen menschlicher Wesen *verankert* sind. Anders ausgedrückt, geben diese realen Bereiche unserer Suche nach Wahrhaftigkeit, Wahrheit, Korrektheit und funktionellem (Zusammen-)Passen einen Boden, und sie werden ihrerseits jeweils mit Hilfe des Prüfens und Abwägens von Injunktion, Daten und Bestätigung aktiv.

Die epistemologischen Behauptungen transpersonaler Studien sind deshalb ebenso wie alle anderen gültigen Wissenskriterien im Experiment, im Sammeln von Fakten und in der konsensuellen Bestätigung verwurzelt.

Ich, Wir und Es

Ihnen wird aufgefallen sein, daß ich die Wörter „Ich", „Wir" und „Es" in die inneren Ecken der vier Quadranten geschrieben habe. Der Grund dafür ist, daß jeder Quadrant in einer anderen Sprache beschrieben wird. So werden Ereignisse und Fakten im oberen linken Quadranten in der „Ich"-Sprache beschrieben, im unteren linken Quadranten in der

„Wir"-Sprache; und da die Ereignisse und Fakten der beiden rechten Quadranten empirisch und äußerlich sind, beschreibt man sie in der „Es"-Sprache.

Ebensowenig wie sich einer der Quadranten auf die übrigen reduzieren läßt, geht eine der drei Sprachen restlos in den anderen beiden auf. Alle sind gleich wichtig, und jede bildet einen wesentlichen Teil des gesamten Universums – einmal ganz abgesehen davon, daß jede ein wichtiger Bestandteil eines umfassenden Verständnisses der Psychologie und Soziologie menschlicher Wesen ist. Ich werde im folgenden einige Elemente der drei wichtigen Bereiche des Ich, Wir und Es zusammenfassen.

Ich (OL) – Bewußtsein, Subjektivität, Selbst und Selbstausdruck (einschließlich Kunst und Ästhetik); Wahrhaftigkeit und Aufrichtigkeit.

Wir (UL) – Ethik und Moral, Weltanschauungen, gemeinsamer Kontext, Kultur, intersubjektive Bedeutung, gegenseitiges Verständnis, Angemessenheit, Richtigkeit.

Es (OR, UR) – Wissenschaft und Technik, objektive Natur, empirische Formen (einschließlich des Gehirns und sozialer Systeme); propositionale Wahrheit (sowohl im singulären als auch im funktionellen Passen).

Wissenschaft beschäftigt sich mit Objeken, mit „Es".

Moral und Ethik beziehen sich auf „Wir" und auf unsere intersubjektive Welt wechselseitigen Verstehens und der Richtigkeit, Kunst und Ästhetik beschäftigen sich mit der Schönheit aus der Perspektive des Betrachters, des „Ich".

Dies ist Platons Gott (Moral, das „Wir"), Wahrheit (im Sinne der propositionalen Wahrheit oder des „Es") und Schönheit (die ästhetische Dimension, so wie sie von jedem „Ich" wahrgenommen wird). In der Moderne tauchen die drei Bereiche erstmals in Kants Trilogie *Die Kritik der reinen Vernunft* (objektive Wissenschaft), *Die Kritik der praktischen Vernunft* (Moral) und *Die Kritik der Urteilskraft* (ästhetisches Urteil und Kunst) auf. Sie entsprechen auch Karl Poppers berühmter Unterscheidung von drei Welten –

der objektiven (Es), der subjektiven (Ich) und der kulturellen (Wir). Viele Menschen, und ich zähle mich zu ihnen, halten Jürgen Habermas für den wichtigsten lebenden Philosophen unserer Zeit, und die drei großen Bereiche entsprechen genau den drei Validitätskriterien, die er nennt: objektive Wahrheit, subjektive Aufrichtigkeit und intersubjektive Richtigkeit.

Man könnte Dutzende weiterer Beispiele anführen, doch das generelle Bild dieser großen Domänen des Ich, Wir und Es dürfte nun hinlänglich klar sein. Natürlich ist dies sehr wichtig für die transpersonalen Studien, weil jede umfassende Theorie des menschlichen Bewußtseins und Verhaltens sich bemühen wird, alle vier Quadranten einzubeziehen oder aber diese drei großen Bereiche, die sich jeweils eines anderen Validitätskriteriums bedienen und die eine jeweils deutlich eigenständige Sprache benutzen.

Flachland

Die moderne Wissenschaft versucht seit mindestens dreihundert Jahren intensiv und mit erheblichem Erfolg, den gesamten Kosmos auf lauter Es-Objekte zu reduzieren. Dadurch sind die Bereiche des Ich und des Wir fast völlig vom wissenschaftlichen Materialismus, vom Positivismus und vom Empirismus und anderen objektivistisch-äußerlichen Ansätzen kolonialisiert worden. Und alle Erfahrungen der linken Seite wurden auf die entsprechenden Aspekte der rechten reduziert. Das hat ein multidimensionales Universum auf brutale Weise zu einem Flachland gemacht und es von Wert, Sinn und Bewußtsein, von aller Tiefe und jedem Diskurs entledigt.

Und denken Sie daran: Das eine, was der Urknall uns gelehrt hat, ist, daß eine Welt von Es-Objekten das Universum ganz sicher nicht zu erklären vermag. Auf irgendeine Weise sind auch Ich und Wir wirklich und wahrhaftig in das Gewebe des Kosmos eingewoben. Diese Behauptung braucht uns absolut nicht als weit hergeholt oder gespenstisch zu erscheinen. Das Wort „Im Geiste eines ewigen Höheren Wesens" erinnert uns lediglich, daß eine Welt, die lediglich aus Es-Objekten besteht, gar keine Welt ist. Bewußtsein und Form, Subjekt und Objekt, Innen und Außen, Purusha und Prakritti, Dharmakâya und Rûpakâya sind Kette und Schluß eines wunderbaren Universums, dem jeglicher Sinn fehlt, wenn eine der beiden Seiten außer acht gelassen wird.

Dabei ist, wohlgemerkt, nicht die Existenz objektivierender empirischer Ansätze das Problem, sondern die Tatsache, daß sie den ‚Markt für Wahrheit' monopolisieren. Wenn ein Denksystem jedoch einen oder mehrere der vier Quadranten leugnet, manifestieren sich die ignorierten Wahrheiten als massiver innerer Widerspruch. Dazu ein kurzer Überblick über gängige Vorstellungen von Wahrheit und Wirklichkeit.

Szientismus:
Wie wir gesehen haben, leugnen Empiriker praktisch alle Dimensionen der linken Seite und betrachten sie bestenfalls als Spiegelungen oder Repräsentationen ihrer Welt der Es-Objekte, welche die menschlichen Sinne oder deren Erweiterungen aufspüren.

Aber der geleugnete intersubjektive Quadrant revanchiert sich mit einem hinterhältigen Angriff. ‚Empirisch-objektives Wissen', ist immer in kulturelle Praktiken oder Paradigmen eingebettet, die dieses Wissen erst ermöglicht. Dies leugnet *nicht* die objektive Komponente des Wissens, sondern widerspricht lediglich der Ansicht, daß das Wissen *nur* objektiv oder unschuldig empirisch sei.

Sozialer Konstruktivismus:
Umgekehrt ist in neuerer Zeit auch versucht worden, jede Form objektiver Wahrheit zu leugnen und dieselbe in einen *sozialen Konstruktivismus* aufzulösen. Extreme Konstruktivisten behaupten, es gebe so etwas wie eine objektive *Wahrheit* überhaupt nicht, weil unsere Ideen aufgrund der verschiedensten *Interessen* entstünden, gewöhnlich aufgrund von Machtstreben, aber auch aufgrund der verschie-

densten „Ismen" und Ideologien (Sexismus, Rassismus etc.). Gleichzeitig behaupten sie, ihre Haltung sei wahr. Aber das können sie nur, wenn sie von einer Theorie der Wahrheit ausgehen, die nicht durch Macht oder Ideologie verzerrt ist, und das heißt, daß sie die rechtsseitigen Aspekte der Existenz anerkennen und zulassen müssen.

Tatsächlich werden Aspekte des Wissens intersubjektiv geschaffen, doch sind diese Schöpfungen in Netze subjektiver, objektiver und interobjektiver Wirklichkeiten eingebunden, die den Schaffensprozeß Einschränkungen unterwerfen. Wir werden wohl in keiner Kultur die allgemeine Sichtweise finden, daß Äpfel aufwärts fallen oder daß Männer Kinder gebären.

Kulturelle Relativität:
Kulturelle Relativisten und Multikulturalisten sind in einem ähnlichen Widerspruch befangen: Sie behaupten, alle Wahrheiten seien relativ, es gebe keine universellen Wahrheiten und könne sie nicht geben. Da sie diese Behauptung für wahr halten, gibt es offenbar für sie keine universelle Wahrheit außer ihrer eigenen. Auch dieser Versuch kann seine Position nicht vertreten, ohne sich selbst zu widersprechen.

Gewisse Aspekte der Kultur sind ganz sicher konstruiert, und einige sind sowohl relativ als auch geschichtsgebunden. Doch viele Merkmale der menschlichen Körper-Geist-Einheit lassen universelle, kulturunabhängige Gemeinsamkeiten erkennen. Der menschliche Körper besteht überall auf der Welt aus 208 Knochen, einem Herz und zwei Nieren. Und der menschliche Geist hat überall auf der Welt die Fähigkeit, Bilder, Symbole, Konzepte und Regeln zu produzieren. Daraus muß man, ob einem dies nun paßt oder nicht, ableiten, daß Körper und Geist des Menschen in *allen Kulturen* gewisse gemeinsame *Tiefenstrukturen* aufweisen, die überall sehr ähnlich sind, daß jedoch die *Oberflächenstrukturen* – die tatsächlichen Manifestationen dieser Gemeinsamkeiten – relativ und kulturspezifisch und historisch und kontingent geprägt sind. Der menschliche Körper mag überall auf der Welt 208 Knochen aufweisen, doch werden diese Knochen nicht in allen Kulturen zum Baseballspielen benutzt.

Die transpersonalen Studien versuchen, den Reichtum der kulturellen Vielfalt in den Oberflächenstrukturen zu würdigen, und gleichzeitig weisen sie auf die gemeinsamen Tiefenstrukturen der Menschheitsfamilie hin: weder monolithischer Universalismus noch beziehungsloser Pluralismus, sondern ein echt universaler Pluralismus des Gemeinsamen im Unterschiedlichen.

Reine Ästhetik:
Neuerdings macht ein ganzer Strom rein ästhetischer Theorien der Wahrheit von sich reden: Was auch immer Sie zufällig mögen, ist der höchste Gebieter der Wahrheit. Alle objektiven, interobjektiven und intersubjektiven Wahrheiten werden fröhlich auf subjektive Neigungen reduziert (alle Quadranten werden auf den oberen linken reduziert).

Es ist absolut unverzichtbar, das ästhetische Urteil (OL) zu integrieren, doch eine ausschließlich ästhetische Theorie des Wissens ist ganz einfach unzulänglich. Sie versäumt es nicht nur, sich mit den Aspekten des intersubjektiven Gutseins und der Angemessenheit auseinanderzusetzen, sondern sie entwertet auch jeden objektiven Aspekt jeder Art von Wahrheit und widerspricht sich schließlich selbst.

Auf diese Weise kann man weiter durch die vier Quadranten wandern. Mir ging es darum zu zeigen, daß jeder Mensch einen subjektiven Aspekt (Aufrichtigkeit, Wahrhaftigkeit), einen objektiven Aspekt (Wahrheit, Entsprechung), einen intersubjektiven Aspekt (kulturell entstandener Sinn, Angemessenheit) und einen interobjektiven Aspekt (systemisches und funktionelles Passen) hat und daß unsere verschiedenen Wissenskriterien in diesen sehr realen Bereichen verwurzelt sind. Versuchen wir, einen dieser gleichermaßen wichtigen Bereiche zu leugnen, so bewirkt das lediglich, daß wir sie früher oder später auf verbogene und unbewußte Weise in unsere Philosophie einschmuggeln.

Die transpersonalen Studien versuchen statt dessen, den Augenblick der Wahrheit in jeden dieser Ansätze einzubeziehen – vom Empirismus über den Konstruktivismus und Relativismus zum Ästhetizismus –, doch indem sie dieselben von dem Anspruch befreit, die einzig existierende Art von Wahrheit zu sein, werden ihre Widersprüche aufgelöst und sie werden sozusagen in eine echte Regenbogenkoalition integriert.

Was sind nun diese Quadranten und was bedeuten sie? Die Quadranten auf der rechten Seite repräsentieren die objektive oder äußere, wissenschaftlich erfaßbare Wirklichkeit, die auf der linken Seite die subjektive oder innere Wirklichkeit, die direkt erlebt oder erfahren wird.

Was auf der rechten Seite ist, hat einen Ort in der empirisch erfaßbaren Welt, aber nichts von der linken Seite hat diesen physischen Ort. Man kann auf einen Felsen, einen Planeten, eine Stadt oder eine Familie mit dem Finger deuten, aber nicht auf Liebe, Neid, Stolz, Freude oder Mitleid.

Die obere Hälfte der Quadranten stellt die individuelle Seite dar, die untere die kollektive. Insgesamt stellen die Quadranten also das Äußere und das Innere des Individuellen und des Kollektiven dar; kurz die intentionalen, verhaltensmäßigen, kulturellen und sozialen Aspekte des Holons. Die Verbindung dieser Aspekte liegt auf der Hand. Ein Mensch der magischen Kulturepoche hat schon einen komplexen Neokortex, kann Begriffe bilden und lebt im Stammesverband. Ein Mensch der mythischen Epoche kann bereits die Rolle anderer übernehmen und Regel-Operationen durchführen: Multiplikation, Division, Klasseneinteilung, Hierarchisierung usw. (konop). Er lebt im frühen Staat oder Imperium, zum Beispiel im alten Ägypten oder im europäischen Mittelalter.

Das Problem ist, daß viele Gelehrte, die nur auf einen dieser Quadranten spezialisiert sind, die Bedeutung oder sogar die Existenz der anderen leugnen. Das führt zum Kollaps des Kosmos, der Katastrophe der Moderne, deren Wissenschaft nur gelten läßt, was objektiv-empirisch erfaßbar ist, also nur die rechte Seite unserer Quadranten.

27. Die Wirklichkeit besteht aus Holonen

F.: Sie sagen, daß die Wirklichkeit weder aus Dingen noch aus Prozessen besteht, weder aus Ganzheiten noch aus Teilen, sondern aus Ganzheiten/Teilen oder ‚Holonen'.

KW.: Tatsächlich gibt es nichts, was kein Holon ist. Seit zweitausend Jahren streiten sich die Vertreter der atomischen und der holistischen Philosophie darüber, ob letztlich das Ganze oder der Teil wirklich ist. Und die Antwort lautet ganz einfach: beides. Selbst wenn wir uns das Ganze als den Kosmos vorstellen, hat unser Denken eben durch das Sich-Vorstellen jenem Gedanken über das Ganze einen neuen Teil hinzugefügt, was zur Folge hat, daß jenes Ganze nun nur noch ein Teil eines neuen Ganzen ist, und so geht es unendlich weiter. Ganz gleich, wie weit man sich aufwärts- oder abwärts bewegen mag, man findet nichts als Holone.

F.: Können Sie kurz skizzieren, was alle Holone miteinander gemeinsam haben?

KW.: Weil jedes Holon gleichzeitig Ganzes und Teil ist, hat es zwei Tendenzen oder ‚Triebe': Es muß sowohl seine Ganzheit als auch sein Teilsein aufrechterhalten. Wenn es ihm nicht gelingt, seine Ganzheit, seine Identität, seine Autonomie zu erhalten, hört es schlicht auf zu existieren. Dies gilt für alle Atome, Zellen, Organismen und Ideen.

Doch ein Holon ist nicht nur ein Ganzes, das seine Autonomie erhalten muß, sondern außerdem auch Teil eines anderen Systems, einer anderen Ganzheit. Seine Existenz hängt also auch davon ab, ob es in der Lage ist, sich in seine

Umgebung einzupassen, und dies gilt sowohl für Atome, Moleküle, als auch für Tiere und Menschen.

F.: Sie nennen diese Eigenständigkeit und Teilhaftigkeit die ‚horizontalen' Fähigkeiten. Wie steht es mit den ‚vertikalen' Fähigkeiten, die Sie ‚Selbst-Transzendenz' und ‚Selbst-Auflösung' nennen?

KW.: Wenn ein Holon seine Eigenständigkeit und seine Teilhaftigkeit nicht aufrecht erhalten kann, zerbricht es und zerfällt in Subholone: Zellen zerfallen in Moleküle, die wiederum in Atome zerfallen, und auch diese können unter ungeheurem Druck unendlich viele Male zerfallen. Das Faszinierende an diesem Zerfall ist, daß die Holone sich gewöhnlich gegenläufig zur Richtung ihres Aufbaus auflösen, es ist eine Art Selbstauflösung.

Der umgekehrte Prozeß, die Entstehung neuer Holone, ist noch außergewöhnlicher. Weshalb verbinden sich inaktive Moleküle zu einer lebenden Zelle? Gewöhnlich wird dies mit der neo-darwinistischen Standarderklärung ‚durch natürliche Auslese' beantwortet, doch das glaubt mittlerweile wirklich niemand mehr. Die Evolution verhält sich tatsächlich teilweise im Sinne von Darwins natürlicher Auslese, doch bedient sich dieser Auswahlprozeß lediglich jener Transformationen, die bereits in Erscheinung getreten sind, und zwar infolge von Mechanismen, die absolut niemand versteht.

Schauen wir uns einmal die verbreitete Vorstellung näher an, daß sich Flügel aus Armen oder Vorderläufen entwickelt haben. Wahrscheinlich sind etwa tausend Mutationen erforderlich, um aus einem Arm einen funktionsfähigen Flügel zu machen – ein Halbflügel würde nicht ausreichen. Halbflügel taugen weder als Vorderlauf noch als Flügel – man kann damit weder laufen noch fliegen. Er hat keinen praktischen Adaptionswert. Anders ausgedrückt: Mit einem Halbflügel taugt man nur zum Gefressenwerden. Der Flügel erfüllt seine Funktion nur, wenn die besagten tausend

Mutationen alle gleichzeitig eintreten, in einem Tier und gleichzeitig auch noch in einem anderen, dem Partner des ersteren, so daß sie Nachkommen mit funktionsfähigen Flügeln produzieren können. Diese Vorstellung ist für unseren Geist ziemlich unfaßbar. Mit zufälligen Mutationen kann man so etwas ganz und gar nicht erklären. Der überwältigenden Mehrheit aller Mutationen ist ohnehin der vorzeitige Tod sicher. Doch wie sollen wir uns vorstellen, daß tausend nicht zum Tode führende Mutationen gleichzeitig eintreten? Oder auch nur vier oder fünf. Wenn diese unglaubliche Transformation erst einmal eingetreten ist, selektiert die natürliche Auslese tatsächlich die besten Flügel – aber was sagt das über die Entstehung der Flügel selbst aus?

Niemand hat auch nur die geringste Ahnung, wie es dazu kommen kann, daß radikal neue und unglaublich komplexe Holone durch einen gewaltigen Evolutionssprung entstehen, einem Quantensprung ähnlich, wobei Hinweise auf irgendwelche Vorformen gänzlich fehlen. Die Evolution hat offenbar die erstaunliche Fähigkeit, über alles bisher Dagewesene hinauszugehen.

Doch wie auch immer so außergewöhnliche Transformationen zustandekommen mögen, Tatsache ist, daß es sie gibt, daß Evolution die erstaunliche Fähigkeit hat, über alles bisher Dagewesene hinauszugehen. Und diese Selbst-Transzendenz, die Leben aus Materie und Geist aus Leben erzeugt, ist in der Struktur des Universums selbst enthalten!

Probleme und Aufgaben unserer Zeit

28. Evolution ist nicht eitel Sonnenschein

Evolution ist nicht eitel Sonnenschein, wie manche Verkünder des „evolutionären Fortschritts" offenbar meinen. Die rauhe Wirklichkeit ist nämlich die, daß mit zunehmender struktureller Komplexität – bei individuellen wie bei sozialen Holonen – immer mehr Dinge grauenhaft schiefgehen können. Atome bekommen keinen Krebs, Tiere schon. Aber daraus nun wieder zu schließen, daß Evolution größtenteils eigentlich Devolution ist, führt auch zu nichts. Die Tatsache, daß es Krebs gibt, bedeutet nicht, daß die Existenz von Tieren rundweg zu verwerfen ist. Und so müssen wir auch versuchen, die Krebsgeschwüre der Noosphäre bloßzulegen, ohne die Noosphäre in Bausch und Bogen zu verwerfen.

Evolution bringt stets größere Transzendenz und Differenzierung mit sich, und das bedeutet, daß jeder Evolutionsschritt mit einem Faktor möglicher Pathologie behaftet ist, denn Transzendenz kann zu weit gehen und dann Verdrängung werden: Das Höhere negiert und bewahrt das Niedrigere nicht, sondern möchte es *nur* negieren oder verdrängen oder leugnen – und das funktioniert ungefähr so gut wie das Leugnen unserer eigenen Füße.

Aber auch Differenzierung kann zu weit gehen und dann Dissoziation werden; die emergierenden Differenzen werden nicht in der notwendigen Weise zu einem neuen Ganzen integriert, das sowohl in sich selbst stimmig ist als auch im Einklang mit anderen gleichartigen Holonen und seinen untergeordneten Komponenten steht. Wo der Differenzierung nicht eine gleichrangige Integration folgt oder Negation nicht durch Bewahrung ergänzt wird, entsteht ein pathologischer Zustand, den die weitere Evolution, wenn er nicht zu beheben ist, dann auf ihre Weise bereinigt.

Das spitzt sich in der Noosphäre, im Bereich der kulturellen Evolution, deshalb besonders zu, weil die Tiefendimension des menschlichen Holons so viele Ebenen aufweist – Physiosphäre, Biosphäre und Noosphäre – und auf jeder etwas schiefgehen kann.

Man kann sich all die Fehlversuche vorstellen, zu denen es beim Emergieren der Biosphäre gekommen sein muß, all die Sackgassen, in die die ersten Zellpopulationen bei ihren Versuchen gerieten, sich auf die Vorgaben der Physiosphäre einzustellen, in deren Territorium sie jetzt einbrachen. Ein Fehlstart – ein Start, der nicht genau den Bedingungen der Physiosphäre entsprach – wurde einfach abgebrochen. Und im weiteren Verlauf der biologischen Evolution, als die Biosphäre selbst Schicht um Schicht an Tiefe gewann, mußte auf jeder neuen Ebene Harmonie mit allem Untergeordneten *und* allem Gleichrangigen geschaffen werden – keine leichte oder nebensächliche Aufgabe, wie das eindrucksvolle Beispiel der Dinosaurier uns lehrt.

All das galt für den Menschen natürlich auch noch; es kam sogar eine weitere Bürde hinzu, die ihm sehr viel abverlangte, nämlich die Noosphäre nicht nur mit gleichrangigen Holonen, also mit seinesgleichen in Einklang zu bringen, sondern auch mit allem Untergeordneten, allen Vorläufern – Mineralien, Pflanzen, Reptilien, niederen Säugetieren –, die ja weiterhin dieselbe Umwelt bevölkern und außerdem der zusammengesetzten Individualität des Menschen als Komponenten angehören. Wenn MacLean sagt, daß ein Mensch sich auf der Couch des Psychiaters neben einem Pferd und einem Krokodil ausstreckt, nennt er nur einen Bruchteil des Zoos, der wir sind, und der ganze Rest wird gar nicht erwähnt: Wir strecken uns mit den Planeten und den Sternen aus, mit Seen und Flüssen, Plankton und Eichen, Eidechsen und Vögeln, Kaninchen und Affen – und nicht nur weil sie hier und jetzt unsere Nachbarn sind, sondern weil unser Sein aus ihrem gefügt ist; sie sind buchstäblich unsere Knochen, unser Blut, unser Mark, unsere Eingeweide, unsere Empfindungen, unsere Ängste.

Und wie die Biosphäre ihre Nische in und jenseits der Physiosphäre finden mußte, so kam auch für die Noosphäre nur ein vertretbarer, das heißt harmonischer Ort in und jenseits der Biosphäre in Frage. Und da hat die Sache ihren Pferdefuß.

Die Noosphäre evolvierte. Immer neue Stufen politischer, sprachlicher und technischer Entwicklung emergierten, indem sie die Vorläuferstufen in sich aufnahmen und transzendierten, und dabei konnte es geschehen, daß diese höheren Stufen kultureller Entwicklung sich nicht nur ihren früheren Verbindungen in der Noosphäre entfremdeten oder sie gar verdrängten, sondern darüber hinaus Gefahr liefen, auch ihre Verbindungen zur Biosphäre zu kappen. Das ging so weit, daß wir Menschen uns heute mit viel Mühe und Arbeit das Privileg erworben haben, die ersten Dinosaurier der fragilen Noosphäre zu werden.

Statt Transzendenz Verdrängung, statt Differenzierung Dissoziation, statt Tiefe Krankheit. Es liegt in der Natur der Evolution, daß es in jeder Wachstums- und Entwicklungsphase zu solchen Fehlentwicklungen kommen kann. Die Noosphäre genießt in dieser Hinsicht keinen Sonderstatus. Die Schwierigkeiten sind nur jetzt durch ihr globales Ausmaß so beunruhigend geworden. Wenn wir die von der Biosphäre gebotenen Möglichkeiten nicht in der rechten Weise nutzen, wird sie uns wie eine Bande von Blutsaugern wegschnipsen und anschließend nicht schlechter dran sein.

Die Entgleisungsmöglichkeiten werden besonders deutlich, wenn wir die Stadien kultureller Entwicklung verfolgen – von der Jagd zum Ackerbau zur Maschine zum Computer. Jede Stufe brachte neue Information, neue Möglichkeiten, neue Hoffnungen, neue Ängste; sie brachte auch größere Komplexität, größere Differenzierung, größere relative Autonomie – und damit auch das Potential zu neuer und größerer Pathologie, wenn kein entsprechendes Integrieren und Umfangen folgte. Die Geschichte der kulturellen Evolution ist die Geschichte neuer Errungenschaften und neuer Krankheiten.

Ich will auf diesem Punkt nicht unnötig herumreiten und all die schaurigen Statistiken anführen, die besagen, daß wir gegenwärtig ungefähr hundert Arten pro Tag vom Erdboden verschwinden lassen oder die tropischen Regenwälder mit der Geschwindigkeit von einem Fußballfeld pro Sekunde vernichten. Die Erde treibt wahrhaftig der Katastrophe entgegen, und zum ersten Mal in der Geschichte der Menschheit könnte es jetzt sein, daß *allein* aufgrund von Umständen, die der Mensch selbst geschaffen hat, nicht einer von uns überleben wird, um den Hergang zu erzählen. Wenn die Erde wirklich unser Blut und unser Körper ist, begehen wir mit ihrer Zerstörung einen langsamen und qualvollen Selbstmord.

Als Reaktion auf das alarmierende Ausmaß dieser ökologischen Katastrophe (und ich gehe hier davon aus, daß es jedem intelligenten Menschen deutlich erkennbar ist) haben sich breite Gegeninitiativen in großer Zahl gebildet, die im allgemeinen zusammenfassend „Umweltbewegung" genannt werden. Es haben sich „Ökophilosophien" gebildet, von denen uns zwei, die zwar in mancher Hinsicht bei der Umweltbewegung ansetzen, aber durchaus über sie hinausgehen, besonders interessieren werden: der Ökofeminismus und die Tiefenökologie. Und wir werden sehen, daß sie annähernd perfekt das weibliche und männliche Wertverständnis gegenüber ein und derselben Thematik verkörpern.

Kern dieser ökologischen Ansätze ist der Gedanke, daß die gegenwärtige Umweltkrise vor allem auf ein zersplittertes Weltbild zurückzuführen ist, in dem sich tiefe Gräben auftun zwischen Geist und Körper, Subjekt und Objekt, Kultur und Natur, Gedanken und Dingen, Werten und Fakten, *Geist* und Materie, menschlich und nichtmenschlich; ein Weltbild, das dualistisch, mechanistisch, atomistisch, anthropozentrisch und in pathologischem Ausmaß hierarchisch ist – ein Weltbild, kurz gesagt, das den Menschen fälschlich vom übrigen Gewebe der Wirklichkeit trennt und oft genug auch noch darüber erhebt. Es ist ein Weltbild voller Brüche, welches Männer und Frauen diesem vielschichtigen Geflecht von Mustern und Beziehungen entfremdet, das eigentlich die Natur von Leben, Erde und Kosmos ausmacht.

Folglich sagen diese beiden Ansätze, daß wir die Welt und uns selbst nur dann heilen können, wenn wir an die Stelle dieses zersplitterten Weltbilds ein anderes setzen, das mehr auf Ganzheit, Beziehung und Integration ausgerichtet ist, auf mehr Achtung für die Erde und weniger anthropozentrischer Arroganz. Das gesamte Gewebe des Lebens muß uns lieb und wert sein, denn es hat nicht nur in sich selbst seinen eigenen Wert, sondern ist auch, und nicht zufällig, das Skelett und Mark unseres Daseins.

Viele Sachkundige weisen auch darauf hin, daß „Frau" und „Natur" als einander sehr nahe empfunden werden und daher die Ausplünderung der Erde und die Unterjochung der Frauen schon immer Hand in Hand gingen. Der Ökofeminismus ist eine beherzte und energische Reaktion auf die Verunglimpfung dieser beiden „anderen".

Historisch gesehen haben Frauen keine echte Macht in der Außenwelt gehabt, keine Stimme bei Entscheidungen und im intellektuellen Leben. Aber heute spricht die Ökologie für die Erde, für das „andere" in der Mensch-Umwelt-Beziehung; und der Feminismus spricht für das „andere" in der Mann-Frau-Beziehung. Wenn nun der Ökofeminismus für *beide* anderen spricht, möchte er die verflochtenen Wurzeln aller Herrschaft verstehen und sucht nach Wegen des Widerstands und der Veränderung. Deshalb haben wir im Ökofeminismus zu lernen, uns beim Bedenken der möglichen Folgen eines geplanten Handelns an die Stelle des jeweils anderen zu versetzen – wenn wir unsere Beziehungen zueinander und zur Erde wiederherstellen wollen.

Das ist es, was Vertreter der sogenannten Tiefenökologie „die Kultivierung des ökologischen Bewußtseins" nennen. Die Einsicht, daß „wir mit anderen Menschen und den uns umgebenden nicht-menschlichen Lebensformen zutiefst zu einem komplexen Gewebe des Lebens verbunden sind. Alle Lebewesen und Dinge sind Brüder und Schwestern. Von diesem Gedanken leitet sich das Grundprinzip der Nichtausbeutung ab, der Achtung und tiefen Wertschätzung aller Kreaturen."

Das Erstaunliche an solchen Aussagen ist nun, daß sie zwar ziemlich romantisch und poetisch klingen können – für manche sogar gefühlsduselig und versponnen –, aber tatsächlich von harten wissenschaftlichen Fakten ausgehen. Immerhin sind holistische Theorien vom „Gewebe des Lebens" so alt wie die Zivilisation selbst und gehören zum Kernbestand der großen Religionen und Weisheitstraditionen der Welt. Gott auf seiner Seite zu haben, genügt heute natürlich nicht mehr, und so trifft es sich gut, daß die Wissenschaft in genau die gleiche Kerbe schlägt.

Aber so wichtig der ökologische oder holistische Systemansatz auch ist, werden wir schließlich ein paar wichtige Korrekturen anbringen und ihn vor allem in seinen eigenen größeren Zusammenhang stellen müssen, der fast immer übersehen wird – und das mit schlimmen Folgen. Wir werden sehen, daß beide, Ökofeminismus und Tiefenökologie, die gleichen Stärken und Schwächen erkennen lassen.

30. Geschlechterkampf und Ökologie

F.: Der erste Band Ihrer Kosmostrilogie heißt auf englisch ‚Sex, Ecology and Spirituality' (deutsch *Eros, Kosmos, Logos*). Schreiben Sie wirklich über Sex?

KW.: In gewissem Sinne, ja. Ich beschäftige mich mit zwei wesentlichen Strömungen unserer Zeit, der Frauenbewegung und der Ökologiebewegung. Sie haben viele Berührungspunkte und hängen natürlich auch eng mit dem zusammen, was ich unter Spiritualität verstehe.

Bleiben wir einmal bei der Frauenbewegung und unseren

Einstellungen dazu. Ich mache da einen Unterschied zwischen dem biologischen und dem kulturellen Aspekt der Geschlechtsunterschiede. Die biologischen Unterschiede zwischen Mann und Frau sind universal und in allen Kulturen gleich: Männer produzieren überall Samen, Frauen das Ei, sie gebären, stillen und so weiter. Aber die Unterschiede zwischen dem, was als maskulin oder feminin gilt, sind durch die verschiedenen Kulturen geprägt, in denen Männer und Frauen jeweils aufwachsen. Und da sind wir in einer Übergangszeit. Wir definieren die männliche und die weibliche Rolle neu, und das hat sowohl Männer als auch Frauen in einen oft erbitterten Schußwechsel, in eine Art von Krieg zwischen den Geschlechtern gestürzt.

F.: Wie erklären Sie das?

KW.: Ein Teil des Problems besteht darin, daß man männliche und weibliche Rollen tatsächlich umdefinieren und umformen kann – das ist überfällig und sehr notwendig –, aber man kann männliche und weibliche Eigenschaften nur in Grenzen ändern, und in unserem Versuch, die Unterschiede zwischen der männlichen und der weiblichen Rolle zu nivellieren, sind wir gefährlich nah daran, die Unterschiede zwischen Mann und Frau auszulöschen. Das erste ist eine gute Idee, das zweite ist unmöglich.

F.: Ich vermute, der Trick ist, den Unterschied zu kennen.

KW.: So ähnlich. Es gibt kulturelle Unterschiede, die in unterschiedlichen Kulturen immer wieder auftauchen. Offenbar bilden die biologischen Unterschiede zwischen Mann und Frau eine so starke Basis, daß sie in den kulturellen Bereich übergreifen. Es geht dabei vor allem um Hormone. Testosteron erzeugt im Mann sexuelle und aggressive Impulse, die wichtig für Reproduktion und Überleben sind, Oxitocin bei der Frau Impulse zu bemuttern, zu nähren, sich zu binden.

F.: Noch vor zehn Jahren war dieser biologische Einfluß ziemlich umstritten.

KW.: Ja, aber heute sind selbst radikale Feministinnen der Überzeugung, daß es erhebliche Unterschiede zwischen der männlichen und der weiblichen Wertwelt gibt. Männer schätzen und betonen ihre Individualität und Autonomie und fürchten Beziehung. Frauen haben mehr Sinn für Beziehungen, betonen Gemeinsamkeit, Fürsorge, Verantwortung und fürchten Autonomie. Carol Gilligans Arbeit war hier zentral. Die Schwierigkeit ist, wie man diese Unterschiede anerkennen kann, ohne sie wieder einmal dazu zu benutzen, Frauen auszugrenzen; denn sobald irgend ein Unterschied zwischen Menschen bekannt gemacht wird, benutzen ihn die Privilegierten, um ihren Vorteil zu vergrößern.

F.: Ich sehe das Problem, aber passiert nicht eigentlich eher das Umgekehrte? Die Idee ist doch, daß Männer einfühlsamer sein sollten, anteilnehmender, liebevoller, mehr auf die Beziehung bezogen. Was Sie die männliche Wertwelt nennen, wird doch überall angegriffen. Und das Schlagwort heißt: „Warum können Männer nicht mehr so sein wie Frauen?"

KW.: Ja, es gibt einiges an ‚andersherum ist fair play'. Und das überrascht nicht. Wir müssen zwei sehr schwierige Dinge tun. Zunächst müssen wir à la Gilligan entscheiden, welches die Hauptunterschiede zwischen der männlichen und der weiblichen Wertwelt sind, und zum anderen müssen wir lernen, sie einigermaßen gleich zu bewerten. Das heißt nicht, sie gleich zu machen; das wäre dumm. Die Natur hat nicht ohne Grund die menschliche Rasse in zwei Geschlechter geteilt. Aber auch die konservativsten Theoretiker sind der Meinung, daß in unserer Kultur die männliche Wertwelt schon sehr lange das Übergewicht hat. Und so sind wir dabei, nicht die Unterschiede auszulöschen, sondern die Waagschale etwas mehr ins Gleichgewicht zu bringen. Es ist ein delikater, schwieriger und oft bitterer Prozeß.

F.: Ja, denn es bedeutet ja auch, daß wir uns anders verhalten müssen, als unsere Hormone uns vorschreiben.

KW.: In gewisser Weise ja. Damit will ich nicht sagen, daß Männer nicht sensibler werden sollten; das ist heute eine zwingende Notwendigkeit, und wir müssen den Männern auf ihrem Weg in dieses für sie neue Gefilde ein wenig auf die Sprünge helfen. Das gleiche gilt aber auch für Frauen. Zu den neuen Anforderungen des Frauseins in der heutigen Welt gehört, daß auch Frauen für ihre Autonomie kämpfen müssen und sich nicht mehr vorwiegend über ihre Beziehungen definieren können. Das ist wohl die wichtigste Forderung der feministischen Bewegung. Es geht keineswegs darum, den Wert von Beziehungen generell anzuzweifeln, sondern darum, daß Frauen Möglichkeiten finden, ihr eigenes reifes Selbst ernst zu nehmen und sich im Kontakt mit dem Gegenüber nicht nur in die Selbstverleugnung zu flüchten.

F.: Wenn das gelingt, verhalten sich Männer ebenso wie Frauen im Widerspruch zu ihren biologischen Grundlagen?

KW.: In gewisser Weise ja. Aber eben das ist ja typisch für die gesamte Evolution: Sie richtet sich immer gegen das, was zuvor gültig war. Sie kämpft immer darum, Grenzen neu zu definieren; und später kämpft sie ebenso intensiv darum, dieselben wieder zu durchbrechen, über sie hinauszugehen, um noch umfassendere Stufen der Integration zu erreichen. Männer und Frauen versuchen heute mit aller Kraft, ihre alten Rollen (die früher einmal absolut notwendig und adäquat waren) zu überwinden, ohne – und das ist das eigentlich Schwierige – sie völlig zu vernichten. Die Evolution transzendiert, schließt ein und geht über Bestehendes hinaus.

Männer werden wohl auch in Zukunft von ihrem Testosteronspiegel gedrängt, Grenzen zu durchbrechen und sich, gemessen an den jeweiligen konventionellen Standards ‚verrückt' zu verhalten. Sie werden dadurch immer neue Entdeckungen und Erfindungen machen und neue Möglichkeiten erschließen. Und Frauen werden – dieser Ansicht sind auch radikale Feministinnen – immer in der Bezogenheit verwurzelt sein, was das Oxitocin ihnen nahelegt. Doch auf dieser Basis lassen sich ein starkes Selbstwertgefühl und Autonomie aufbauen, und Beziehungen können weiterhin für sie von Wert sein.

F.: Sie haben gesagt, unsere Gesellschaft werde seit einiger Zeit von der männlichen Seite beherrscht, und es erscheine Ihnen als völlig angemessen, wenn in dieser Hinsicht ein gewisser Ausgleich erreicht werde.

KW.: Das kann man wohl kaum bezweifeln. Gewöhnlich nennt man den Sachverhalt ‚Patriarchat', und dabei schwingt ein Unterton von Ablehnung und Verachtung mit. Aber es wäre eine recht zweifelhafte Vereinfachung dieser Problematik zu sagen, die Männer hätten den Frauen das Patriarchat aufgezwungen, ein unmöglicher Zustand, der durchaus zu vermeiden gewesen wäre, und deshalb bräuchten Männer nun nichts weiter zu tun, als zu sagen: „Entschuldigt bitte, es war nicht meine Absicht, Euch 5000 Jahre lang zu unterdrücken. Was habe ich mir dabei nur gedacht! Können wir nicht einfach noch einmal von vorn beginnen?"

So einfach ist es leider nicht. In einer wichtigen Phase der Menschheitsentwicklung gab es konkrete Umstände, die die Entstehung des ‚Patriarchats' unvermeidlich machten, und wir erreichen heute gerade erst den Punkt, an dem diese Notwendigkeit wegfällt, so daß wir nun damit beginnen können, das Patriarchat zu „dekonstruieren" und ein gerechteres, ausgeglicheneres Verhältnis zwischen der männlichen und der weiblichen Wertwelt zu schaffen. Doch geht es hier nicht darum, inakzeptable Umstände zu ändern, die leicht hätten vermieden werden können, sondern darum, über eine Situation hinauszuwachsen, die heute nicht mehr notwendig ist.

F.: Das sind zwei sehr unterschiedliche Ansätze.

KW.: Wenn wir der Ansicht sind, daß das Patriarchat den Frauen von einem Haufen sadistischer und machtgieriger Männer aufgezwungen worden sei, so sind wir in der Definition gefangen, daß Männer Schweine und Frauen Schafe sind. Daß Männer die Absicht haben könnten, die andere Hälfte der Menschheit zu unterdrücken, ist eine sehr traurige Darstellung des männlichen Wesens. Trotz allem Testosteron sind Männer in ihrem tiefsten Sein einfach nicht so grundsätzlich bösartig.

Völlig unglaubwürdig wird diese Ansicht jedoch dadurch, daß sie den Mann in so extrem schmeichelhaften Licht erscheinen läßt; denn die angeblich so hyperunabhängigen Männer müßten ein so hohes Maß an Übereinstimmung untereinander erreicht haben, daß sie in jeder bekannten menschlichen Kultur die andere Hälfte der Menschheit unterdrücken konnten, und das seit mindestens 5000 Jahren. Es ist wohl das netteste, was Feministinnen seit langem über Männer gesagt haben. In Wirklichkeit ist es Männern noch nie in der Geschichte gelungen, ein politisches Herrschaftssystem über mehr als ein paar hundert Jahre zu erhalten.

Noch problematischer an dieser Beherrschungstheorie ist das schauderhafte Bild von den Frauen, das dabei entsteht: Sie sind Schafe, schwächer und/oder dümmer als Männer. Statt zu sehen, daß Männer und Frauen auf jeder Stufe der Evolution gemeinsam die gesellschaftlichen Formen ihrer Interaktion entwickelt haben, definiert das besagte Bild Frauen als Wesen, die von einem anderen geformt sind. Wer diese Ansicht vertritt, macht sich genau das Bild von der Frau zu eigen, das angeblich abgeschafft werden soll.

In meinem neuen Buch versuche ich, den verborgenen Einfluß aufzuzeigen, mit dem Frauen zu allen Zeiten die kulturellen Strukturen, einschließlich derjenigen des sogenannten Patriarchats, mitgeschaffen haben. Ich berufe mich dabei auf neuere Erkenntnisse feministischer Wissenschaftlerinnen. Ich hoffe, damit die Männer vom Image des unverbesserlichen Machos zu befreien und die Frauen davon, als dumme Schafe zu erscheinen, die sich unentwegt übertölpeln und wie Herdenvieh behandeln lassen.

F.: Sie untersuchen den Status der Männer und Frauen in verschiedenen Epochen der Menschheitsentwicklung.

KW.: Das tue ich im Rahmen der Gesamtthematik des Buchs. Die Geschlechter und Geschlechtsrollen machen nur einen kleinen Teil davon aus.

31. Die Rolle von Mann und Frau in den verschiedenen Entwicklungsepochen der Menschheit

F.: In den ersten Kapiteln Ihres Buches geht es zunächst um die Evolution des Kosmos oder der materiellen Welt, dann um die Evolution der Biosphäre oder des Lebens und schließlich um das Auftauchen des menschlichen Bewußtseins. Hier skizzieren Sie fünf oder sechs Haupt-Entwicklungsstufen, die in der gesamten Geschichte und Vorgeschichte zu finden sind.

KW.: Richtig. Ausgehend von den Arbeiten von Jean Gebser, Jürgen Habermas und anderen können wir die vorherrschende ‚Weltsicht' der verschiedenen Epochen der menschlichen Evolution beschreiben: die archaische, die magische, die mythische, die rationale und die existentielle Stufe. Diese Epochen korrelieren mit den wichtigsten Stufen der technologisch-ökonomischen Entwicklung: der Stufe des Jägers und Sammlers, des Gartenbaus, des Ackerbaus, des industriellen und des Informationszeitalters.

F.: Für jede dieser Stufen beschreiben Sie nicht nur die jeweilige Weltsicht, Technologie, Moral und Religion, sondern auch die jeweilige Rolle von Mann und Frau.

KW.: Ja. Wenn wir uns an den faszinierenden Arbeiten neuerer feministischer Autorinnen wie Janet Chafetz und Joyce Nielsen orientieren, können wir den relativen Status der Männer und Frauen auf den fünf Haupt-Entwicklungsstufen ziemlich gut rekonstruieren.

F.: Vielleicht können Sie an dieser Stelle ein paar konkrete Beispiele geben und eventuell mit ‚Matriarchat' und ‚Patriarchat' beginnen?

KW.: Das geht hier nur mit extrem vereinfachenden Verallgemeinerungen, im Buch mache ich das sorgfältiger; aber mit diesem caveat –

Die Jäger und Sammler

In Jäger-und-Sammler-Gesellschaften waren die Aufgaben von Männern und Frauen strikt voneinander abgegrenzt. Die Männer jagten, die Frauen sammelten Nahrung und zogen die Kinder auf. Doch da es kaum Besitztümer gab – nicht einmal das Rad war erfunden –, wurde weder die männliche noch die weibliche Wertwelt besonders betont. Männerarbeit war Männerarbeit und Frauenarbeit war Frauenarbeit, und da sich beide nie überschnitten, blieben die beiden Geschlechter einander im Status praktisch gleich. Deshalb haben diese Gesellschaften für viele Feministinnen eine Art Vorbildcharakter. Allerdings möchte ich bezweifeln, ob ihnen die Starrheit der Geschlechterrollen wirklich gefallen hätte.

Die ‚Tragfähigkeit' dieser Jäger-und-Sammler-Stämme lag bei etwa 40 Personen, die durchschnittliche Lebenswerwartung bei 22,5 Jahren. Die Öko-Maskulinisten (Tiefen-Ökologen) sind vernarrt in diese Periode, hauptsächlich deshalb, weil auch sie sich nur das aus ihr herauspicken, was ihnen gefällt, und den Rest einfach ignorieren.

F.: Sie halten diese Gesellschaften für ökologisch gesund.

KW.: Einige dieser Stammesgesellschaften waren tatsächlich ökologisch gesund, doch andere waren dies eindeutig nicht. Manche Stämme praktizierten regelrechten Raubbau, indem sie Gebiete ausräuberten und sie anschließend abbrannten, und einige sind verantwortlich für die Vernichtung zahlreicher Arten. Es ist keineswegs eine Garantie für eine ökologisch unbedenkliche Kultur, wenn eine Gesellschaft die Natur als heilig verehrt.

Die Umwelt wurde zu allen Zeiten ausgebeutet, meist aus simpler Ignoranz. Selbst die hochangesehene Kultur der Maya ist nicht zuletzt daran zugrunde gegangen, weil sie die Regenwälder in ihrer unmittelbaren Umgebung vernichtet hat. Die Ignoranz der Stammeskulturen hingegen hatte meist weniger gravierende Konsequenzen, ihnen fehlten die Möglichkeiten, die Natur nachhaltiger zu zerstören. Mit größerer Weisheit hat das wenig zu tun.

Vom Grabstock zum Pflug – Matriarchat und Patriarchat

F.: Die Jäger-und-Sammler-Kultur ist irgendwann durch die Gartenbau-Kultur abgelöst worden, die nicht mit der Kultur des Ackerbaus gleichzusetzen ist.

KW.: Ja, man unterscheidet zwischen Gartenbau und Ackerbau. Zum Gartenbau braucht man eine Hacke oder einen einfachen Grabstock, Ackerbau erfordert einen schweren, von einem Tier gezogenen Pflug.

Mit einem Grabstock oder einer Hacke kann auch eine schwangere Frau problemlos arbeiten. Deshalb wurde achtzig Prozent der Nahrung jener Kulturen von Frauen produziert (während die Männer immer noch auf die Jagd gingen). Deshalb überrascht es nicht, daß die Frauen in diesen Gesellschaften den Männern praktisch gleichgestellt waren, und daß etwa ein Drittel dieser Gesellschaften ausschließlich weibliche und zirka zwei Drittel männliche und weibliche Gottheiten haben.

F.: Dies waren matriarchale Gesellschaften.

KW.: Ich würde sie matrifokal nennen; in vielen dieser Gesellschaften wurde die Abstammung über die Mutter zurückverfolgt. Und es gibt noch andere Anzeichen für eine matrifokale Orientierung. ‚Matriarchalisch' bedeutet genau genommen ‚Mutter-beherrscht', und in diesem Sinne hat es nie streng matriarchalische Gesellschaften gegeben. Vielmehr waren jene Gesellschaften eher ‚egalitär', da Männer und Frauen einander annähernd gleichgestellt waren. Fast überall, wo die Religion der Großen Mutter sich manifestierte, bestand eine Gartenbau-Kultur. Dies begann etwa um 10.000 vor Christus.

F.: Das ist bei den Öko-Feministinnen die beliebteste Zeit.

KW.: Ja, diese Gesellschaften und ein paar maritime. Die Öko-Maskulinisten mögen die Jäger-und-Sammler-Gesellschaften und die Öko-Feministinnen die Gartenbau-Gesellschaften, die die Große Mutter verehrten.

F.: Man lebte in Harmonie mit den jahreszeitlichen Wechseln der Natur und hatte auch in anderer Hinsicht eine ökologische Orientierung.

KW.: Ja. Solange man das alljährliche rituelle Menschenopfer zu Ehren der Großen Mutter darbrachte, um sie bei Laune zu halten, damit sie die Ernte schützte, war mit der Natur alles in Ordnung. Die durchschnittliche Lebenserwartung lag bei 25 Jahren.

Die Öko-Maskulinisten, die die Jäger-und-Sammler-Stämme verherrlichen, weil diese angeblich mit der unverfälschten Natur in Kontakt waren, verurteilen wortgewaltig jede Art von Landbearbeitung als erste Vergewaltigung der Natur.

32. Die Dialektik des Fortschritts

F.: Sie glorifizieren offensichtlich weder die Jäger-und-Sammler noch die Gartenbau-Gesellschaften.

KW.: Nun, die Evolution geht weiter, nicht wahr? Wer sind wir denn, daß wir eine bestimmte Epoche hervorheben und sagen könnten, jene Periode sei ein kolossaler Irrtum gewesen, ein abscheuliches Verbrechen? Wer gibt uns das Recht, dies zu behaupten? Wenn wir uns wirklich in der Hand des Großen Geistes oder der Großen Mutter befinden, warum glauben wir dann, daß Sie nicht weiß, was Sie tut? Kann man den Großen Geist wirklich ehren, wenn man Ihm vorzuschreiben versucht, was Er zu tun hat? Was wissen wir denn darüber, was Er mit uns vorhat?

Jedenfalls sind wir mittlerweile drei oder vier wichtige technologische Epochen weitergekommen, und ich möchte bezweifeln, daß die Evolution uns den Gefallen tun wird, sich rückwärts zu bewegen.

F.: Sie sprechen oft von der ‚Dialektik des Fortschritts'.

KW.: Ja. Damit meine ich, daß jede Stufe der Evolution irgendwann mit den ihr inhärenten Begrenztheiten konfrontiert wird, und diese aktivieren den Trieb zur Selbst-Transzendierung. Die inhärenten Begrenztheiten schaffen eine Art Aufruhr oder gar Chaos, und das System versucht, diesem Chaos zu entfliehen, indem es sich zu einer Ordnung höheren Grades hineinentwickelt. Diese neue und höhere Ordnung entflieht den Begrenztheiten ihrer Vorgängerin, bringt jedoch ihre eigenen Begrenztheiten und Probleme mit sich, die auf ihrer eigenen Ebene nicht zu beheben sind.

Mit anderen Worten: Für jeden evolutionären Schritt vorwärts ist ein Preis zu zahlen. Alte Probleme werden gelöst oder zerstreut, doch an ihre Stelle treten neue und manchmal noch komplexere Schwierigkeiten. Doch die retrogressiven Romantiker nehmen einfach die Probleme der neuen

Ebene, vergleichen sie mit den positiven Komponenten der alten Ebene und behaupten dann, nach ihrer Lieblingsepoche sei alles nur immer schlechter geworden.

Wir alle wissen wohl die vielen großartigen Beiträge zu würdigen, die vergangene Kulturen auf der ganzen Welt zur Menschheitsentwicklung geleistet haben, und wir bemühen uns wohl auch alle, so viel von ihrer Weisheit zu erhalten und in unser Denken und Tun einzubeziehen, wie wir können. Doch ob wir wollen oder nicht, der Zug fährt, und zwar schon vom ersten Tag an, und wenn man beim Fahren immer nur in den Rückspiegel schaut, passieren wahrscheinlich schlimmere Unglücksfälle als die, die bis jetzt geschehen sind.

F.: Auch unsere Epoche wird einmal zu Ende gehen –

KW.: Jede geht vorüber. Der Prozeß setzt sich fort. Und Geist ist im Prozeß selbst zu finden, nicht in einer bestimmten Epoche, in einer Zeit oder an einem Ort.

33. Als Gott ein Mann war – Patriarchat und Kultur

F.: Darauf würde ich gern noch einmal zurückkommen. Aber wir waren beim Übergang von der Gartenbau- zur Ackerbau-Gesellschaft.

KW.: Ja, und beim Wechsel vom Grabstock zum Pflug. Mit einem Grabstock kann auch eine schwangere Frau leicht arbeiten, mit einem schweren Pflug riskiert sie Fehlgeburten. Und so kamen Frauen und Männer zu der Überzeugung, daß Pflügen Männersache ist.

Zunächst einmal wurde von jenem Zeitpunkt an praktisch die gesamte Nahrung ausschließlich von Männern produziert beziehungsweise bereitgestellt. Für die Männer war diese neue Situation sicherlich kein pures Vergnügen, und sie hatten wohl auch nicht annähernd soviel Spaß daran wie an der Großwildjagd, die sie nun weitgehend aufgeben mußten. Außerdem war die Situation der Männer in diesen ‚patriarchalischen' Gesellschaften nach Janet Chafetz wesentlich schwieriger als die der Frauen, ganz gleich, welche objektiven Maßstäbe für ‚Lebensqualität' man einer solchen Wertung zugrundelegen mag – angefangen bei der Tatsache, daß nur die Männer zum Schutz des Gemeinwesens herangezogen wurden. Die Vorstellung, das Patriarchat sei ein vergnüglicher Altherren-Club gewesen, basiert auf sehr unzulänglichen Untersuchungen. Tatsächlich leiden beide Geschlechter, wenn sie extrem polarisiert, das heißt, wenn ihre Wertwelten strikt getrennt werden.

F.: Und das ist im Patriarchat geschehen?

KW.: Die Polarisierung der Geschlechter, ja. Unter allen bekannten Gesellschaftsformen sind die Geschlechterrollen in den Agrargesellschaften am stärksten polarisiert worden. Daß es dazu gekommen ist, ist ebensowenig das Ergebnis einer männlichen wie einer weiblichen Verschwörung, sondern ganz einfach das Beste, was diese Gesellschaften zu jener Zeit unter den gegebenen Voraussetzungen tun konnten.

Und als die Männer zu den praktisch alleinigen Nahrungsproduzenten wurden, traten in diesen Kulturen an die Stelle der weiblichen Götter fast ausschließlich männliche Gottheiten – auch das ist wohl kaum überraschend. In 97 Prozent der Agrargesellschaften, wo auch immer sie entstanden, waren und sind die wichtigen Gottheiten ausschließlich männlich.

F.: Wo Gott ein Mann ist – das ist eine der Bedeutungen von ‚Patriarchat'.

KW.: Ja, und der Begriff Patriarchat, also ‚Vaterherrschaft', ist völlig korrekt gefaßt. Aufgrund der sozialen Beziehungen, die sich um die grundlegenden Produktionskräfte zu organisieren begannen (in dieser Hinsicht stimmen wir mit Marx überein), haben Männer angefangen, die öffentliche Sphäre, also Regierung, Erziehung, Religion und Politik, zu dominieren. Und Frauen fingen an, sich die Privatsphäre, also Familie, Heim und Herd, zu eigen zu machen. Diese Unterteilung wird oft als männliche Produktion und weibliche Reproduktion bezeichnet. Die Agrargesellschaften entwickelten sich sowohl im Osten als auch im Westen um 4000 bis 2000 v. Chr., und dies ist bis zur industriellen Revolution die vorherrschende Produktionsmethode geblieben.

Ebenso erfolgreich ist die Tatsache, daß durch die Weiterentwicklung der landwirtschaftlichen Bearbeitungsmethoden ein erheblicher Nahrungsmittelüberschuß entstand, so daß eine große Zahl von Menschen – eine große Zahl von Männern – fortan nicht mehr für die Sicherung des unmittelbaren Überlebens zu arbeiten brauchten und sich somit anderen Aktivitäten widmen konnten. Die Mathematik wurde erfunden, die Schrift wurde erfunden, die Kunst der Metallbearbeitung entstand, und natürlich auch die Kunst der Waffenherstellung. Infolge des Nahrungsüberschusses konnten die Männer, die natürlich nach wie vor unter der Herrschaft des Testosterons standen, die ersten großen militärischen Imperien errichten. So tauchten um 3000 v. Chr. überall auf der Welt Gestalten wie Alexander, Caesar, Sargon und die Khane auf, die alle riesige Reiche begründeten, welche zuvor völlig verfeindete Stämme in Gemeinwesen einbanden. Diese mythisch-imperialen Reiche mußten im Zeitalter des Rationalismus und der Industrialisierung den modernen Nationalstaaten weichen.

Außerdem machte der systematische Ackerbau es einer Klasse von Menschen möglich, über ihre eigene Existenz nachzudenken. Deshalb entwickelten sich mit den großen Agrarkulturen die ersten dauerhaften kontemplativen Tendenzen, die den Geist nicht mehr ausschließlich in der Biosphäre ‚da draußen' lokalisierten wie die magisch orientierten Jäger-und-Sammler-Gesellschaften und auch nicht nur im mythischen Himmel ‚da oben' wie die mythischen Gartenbau- und frühen Ackerbaugesellschaften. Vielmehr lokalisierten sie den Geist ‚hier drinnen', erreichbar durch die Tür tiefer Subjektivität, die Tür des inneren Gewahrseins, die Tür der Meditation und Kontemplation. Und in diesem Zusammenhang traten die großen Weisen der Achsenzeit auf.

F.: Achsenzeit?

KW.: Karl Jaspers hat diesen Begriff für jene ungeheuer wichtige Epoche geprägt, die in Ost und West etwa um das 6. Jahrhundert v. Chr. beginnt und die Weise wie Gautama Buddha, Lao-tse, Parmenides, Sokrates, Plato, Patanjali, Kungfutse, die Weisen der Upanishaden usw. hervorgebracht hat.

F.: Das sind alles Männer.

KW.: Ganz richtig. Und einer der großen Aufgaben der Spiritualität in der postmodernen Welt besteht darin, die vorwiegend von Männern dominierte Spiritualität durch eine entsprechende weibliche zu ergänzen. Es geht uns keineswegs darum, alles, was die großen Weisheitstraditionen uns lehren können, auf den Müllhaufen der Geschichte zu werfen, denn das wäre ungefähr so, als würden wir uns weigern, das Rad zu benutzen, weil ein Mann es erfunden hat. Doch sind tatsächlich fast alle Grundlagen jener großen Traditionen in einer Atmosphäre entstanden, in der Männer direkt mit Gott sprachen und Frauen lediglich durch Vermittlung ihrer Ehemänner Kontakt zu Gott hatten.

F.: Ich würde gern später noch einmal auf dieses Thema zurückkommen, weil es etwas mit dem zu tun hat, was Sie ‚aufsteigende' und ‚absteigende' Spiritualität nennen, und damit, wie wir diese beiden Tendenzen in ein Gleichgewicht bringen können. Doch zunächst noch einmal zurück zum Übergang von der Agrar- zur Industriegesellschaft.

KW.: Die Industrialisierung war trotz all ihrer furchtbaren Begleiterscheinungen in erster Linie ein technologisches Bemühen, die Grundlagen der menschlichen Existenz fortan nicht mehr in erster Linie durch menschliche Muskelkraft, sondern durch Maschinenkraft zu sichern. Solange die Agrargesellschaften die Ernährung nur durch den Einsatz physischer menschlicher Arbeitskraft (beim Pflügen) zu sichern vermochten, stellten sie zwangsläufig die männliche physische Kraft und Mobilität an die erste Stelle. Keine Agrargesellschaft hat irgend etwas entwickelt, das auch nur vage an Frauenrechte erinnert.

Doch schon innerhalb des ersten Jahrhunderts der Industrialisierung – die den Schwerpunkt von der physischen Kraft des Mannes weg auf geschlechtsneutrale Maschinen verlagerte – entstand erstmals eine Frauenbewegung. Mary Wollstonecraft schrieb ihr Buch ‚Vindication of the Rights of Women', die erste wichtige feministische Publikation in der gesamten Menschheitsgeschichte, im Jahr 1792. Nun ist es keineswegs so, daß die Frauen nach Millionen Jahren anhaltender Unterdrückung und Schafsartigkeit zu einem bestimmten Zeitpunkt ganz plötzlich klug und stark geworden wären und Entschlossenheit entwickelt hätten. Es waren vielmehr erstmals in der Geschichte Sozialstrukturen entstanden, in denen die Machtverhältnisse innerhalb der Kultur nicht mehr überwiegend durch physische Kraft determiniert wurden. In 150 Jahren – das ist im größeren Zusammenhang der Evolution gesehen nur ein Augenblick – haben sich Frauen blitzschnell das Recht auf Eigentum, das Wahlrecht und das Recht auf eine eigenständige Existenz erkämpft.

F.: Die bekannten Fakten scheinen diese Sichtweise zu stützen.

KW.: Die modernen feministischen Forscherinnen weisen

darauf hin, daß Frauen in spätindustriellen Gesellschaften einen höheren Status haben als in jeder anderen Überschuß produzierenden Gesellschaft in der ganzen Geschichte, einschließlich der Gartenbau-Gesellschaften. Frauen, die die spätindustrielle Gesellschaft (und die Informationsgesellschaft) verdammen und die Gartenbau-Gesellschaften mit ihrem Kult der Großen Mutter glorifizieren, picken sich ein paar ihnen genehme Fakten über die gute alte Zeit heraus und vergleichen jenen „Garten Eden" mit den übelsten Aspekten der Moderne – ein merkwürdiges Verfahren.

Damit will ich nicht den Eindruck erwecken, Verbesserungen der Situation von Männern und Frauen seien in der heutigen Welt nicht mehr notwendig. Wir sollten nie vergessen, daß die Polarisierung der Geschlechterrollen für beide Geschlechter kein Zuckerschlecken ist. Beide Geschlechter müssen von den Restriktionen befreit werden, die ihnen in der Agrargesellschaft durch diese Polarisierung auferlegt wurden. Wenn von Männern nicht mehr automatisch erwartet wird, daß sie die Haupt-Nahrungsproduzenten und Ernährer sind, könnte sich beispielsweise die durchschnittliche Lebenserwartung der Männer der weiblichen annähern, und Frauen wären dann nicht mehr so stark auf Rollen fixiert, die ausschließlich der Reproduktion und der Arbeit für Heim und Herd dienen. Die brutalen Erfordernisse der Realität würden dann gleichmäßiger verteilt, und die damit verbundene Befreiung würde meiner Meinung nach beiden Seiten zugute kommen.

F.: Und was sagen Sie zum Thema Industrialisierung und Öko-Krise? Das ist doch sicher auch in Ihren Augen einer der größten Nachteile der modernen Zeit.

KW.: Ja, in vielerlei Hinsicht katastrophal. Aber es ist schwierig, die gesamte Situation wirklich adäquat zu beurteilen. Die primäre Ursache ökologischer Zerstörung ist ganz einfach Ignoranz, das sagte ich bereits. Nur durch wissenschaftliche Erforschung der Ökosphäre, der exakten Wechselbeziehungen zwischen allem, was zur Ökosphäre gehört, nur mit Hilfe dieses Wissens können Männer und Frauen ihre Aktivitäten letztlich mit der Biosphäre in Einklang bringen. Ein simples Respektieren und Verehren der Natur reicht dazu einfach nicht aus. Es gibt unzählige Stämme, denen die Natur heilig war und die dieser Umstand nicht daran gehindert hat, ihre Umwelt aus simpler, unschuldiger Unwissenheit zu zerstören. Ich erwähnte bereits, daß die Maya trotz ihrer Naturverehrung die Regenwälder vernichtet haben, und auch wir werden wieder den gleichen Fehler machen, und wieder letztlich aus simpler Unwissenheit.

Die moderne Wissenschaft – beispielsweise die ökologische und die systemische Wissenschaft – kann uns exakt sagen, wie unsere Aktivitäten der Biosphäre schaden. Wenn die Angehörigen der Stammeskulturen gewußt hätten, daß sie durch Roden und Verbrennen ganzer Landstriche ihren Lebensraum und damit letztlich ihr eigenes Leben gefährdeten, wenn sie dies mit wissenschaftlicher Gewißheit gewußt hätten, so hätten sie wohl zumindest etwas länger nachgedacht, bevor sie sich an ihr Zerstörungswerk gemacht hätten. Hätten die Maya gewußt, daß sie durch die Vernichtung der Regenwälder letztlich auch ihr eigenes Schicksal besiegeln würden, so hätten sie wohl sofort damit aufgehört oder diesen Prozeß zumindest erheblich hinausgezögert. Doch Ignoranz ist nun einmal Ignoranz, ganz gleich, ob sie unschuldig ist oder aus Gier entspringt, ob sie „heilig" oder weltlich ist, sie zerstört in jedem Fall die Biosphäre.

F.: Aber die Mittel haben sich verändert.

KW.: Das ist der zweite wichtige Punkt. Wenn Ignoranz sich nur einfachster technologischer Mittel bedienen kann, vermag sie auch nur sehr begrenzten Schaden anzurichten. Wird die gleiche Ignoranz jedoch durch eine Industrie unterstützt, so vermag sie die ganze Welt zu vernichten. Wir müssen also beides voneinander trennen: die Ignoranz und die Mittel, die sie wirksam werden lassen. Denn seit Beginn der

Moderne und seit der Entstehung der modernen Wissenschaft haben wir erstmals in der Weltgeschichte die Möglichkeit, unsere Unwissenheit zu überwinden, und zwar genau zur gleichen Zeit, zu der wir auch erstmals über die Mittel verfügen, aus unserer Ignoranz heraus die ganze Welt zu zerstören.

F.: Dann ist dies also gleichzeitig eine gute und eine schlechte Nachricht.

KW.: Das kann man in der Tat über die Situation unserer Zeit sagen. Nun endlich wissen wir über den Lauf der Dinge Bescheid, doch wenn wir dieses Wissen nicht nutzen, werden wir letztlich alle an den Konsequenzen dieses Versäumnisses sterben.

35. Umwelt-Ethik

Mir scheint, daß eine der dringendsten Aufgaben der Postmoderne – wenn nicht die dringendste – in der Entwicklung und Verbreitung einer echten Umwelt-Ethik besteht, das heißt einer moralischen und ethischen Haltung gegenüber nichtmenschlichen Holonen.

Doch nirgends tut sich das Öko-Lager schwerer als bei seinen Ansätzen zu solch einer Umwelt-Ethik, was ein wenig peinlich wirkt, denn man denkt doch, das müsse seine stärkste Seite sein.

Alle Holone und ganz gewiß alle Lebensformen, so wird dort argumentiert, sind von gleichem äußeren und inneren Wert. Diese Umwelt-Ethik ist zwar im Ansatz durch und durch achtenswert und geht vielfach von tiefen Intuitionen der Welt-Seele aus, leidet jedoch sehr unter der Tatsache, daß sie sich an das Flachland-Paradigma gebunden hat.

Ich möchte hier eine holarchische Alternative sehr verknappt in drei Punkten darstellen.

1. Alle Dinge und Ereignisse, welcher Art auch immer, sind vollkommene Manifestationen des *GEISTES.* Kein Holon, ob es gemeinhin als hoch oder niedrig, heilig oder profan, einfach oder komplex, primitiv oder fortgeschritten angesehen wird, ist dem Grund näher oder ferner als irgendein anderes, und deshalb sind alle Holone von letztlich gleichem Wert, nämlich von gleichem „Grund-Wert". Alle Formen sind in gleicher Weise reine Leere, uranfängliche Reinheit.

2. Doch über den Grund-Wert hinaus sind alle Holone auch bestimmte Ganze und bestimmte Teile. In seiner Ganzheit besitzt ein Holon „Ganzes-Wert". Das bedeutet, wie wir des öfteren gesehen haben, daß es auch Ebenen der Bedeutsamkeit gibt: Je mehr Tiefe oder je größer die Ganzheit, desto bedeutsamer ist dieses Ganze für den Kosmos, denn um so mehr vom Kosmos umfängt es in seiner Tiefe.

Außerdem haben alle Holone als Ganze „Rechte", die einfach die Bedingungen benennen, unter denen ein Holon ganz bleiben kann. Je größer die Ganzheit eines Holons, desto mehr Rechte sind notwendig, um es aufrechtzuerhalten. Wo diese Rechte, das heißt die richtigen Bedingungen für den Bestand eines Holons nicht gegeben sind, da zerfällt die Ganzheit dieses Holons.

3. Alle Holone sind auch Teil eines größeren Ganzen. Dieses Ganze und alles, was zu ihm gehört, ist abhängig von jedem Teil: Jeder Teil ist von instrumenteller Bedeutung für den Bestand des Ganzen; jeder Teil hat extrinsischen Wert, Wert nicht nur in und für sich selbst, sondern für andere. Und je mehr Teil-Wert ein Holon hat – je größer also die Zahl der Ganzen, von denen es ein Bestand-Teil ist –, desto grundlegender ist dieses Holon für den Kosmos, denn um so mehr von seinen Inhalten gehört es als notwendiger Bestandteil an. Das entspricht dem früher formulierten Prinzip: je grundlegender, desto weniger bedeutsam, und umgekehrt.

Außerdem haben alle Holone als Teile (das heißt in ihrer Kommunion) „Pflichten" und die definieren, wie die

Rechte, ganz einfache Bedingungen, nämlich die ineinandergreifenden Bedingungen, die gegeben sein müssen, um das Ganze, dem das Holon als Teil angehört, als Ganzes zu erhalten. Je größer die Tiefe eines Holons, desto größter das Geflecht der Kommunionen, in die es eingebunden ist, und desto größer auch seine Pflichten (bei entsprechend größeren Agenz-Rechten).

Eine solche vieldimensionale Umwelt-Ethik bleibt jedoch so lange unmöglich, wie der Flachland-Holismus das Bild bestimmt. Hier wird nämlich der Umstand, daß alle Holone gleichen Grund-Wert besitzen, irrtümlich so aufgefaßt, als müßten sie gleichen *intrinsischen* Wert haben, und diese Auffassung von Bio-Egalität legt alles sinnvolle pragmatische Handeln lahm. Eine Möhre und eine Mähre sind beide vollkommene Manifestationen des GEISTES. Doch obwohl sie von gleichem Grund-Wert sind, besitzt die Mähre mehr intrinsischen Wert, weil sie mehr Tiefe und daher mehr Bewußtsein hat.

Und es kommt noch schlimmer: In einer Flachland-Welt wird intrinsischer Wert nur dem Gewebe des Lebens als System oder Ganzem zugebilligt – die große verkettete Ordnung –, und deshalb sind wir alle und grundsätzlich nichts anderes als Fäden im wunderbaren Gewebe. Dieser Ansatz zur „Ganzheit" instrumentalisiert in Wirklichkeit nur uns alle, jedes einzelne Lebewesen, denn wir und alle anderen haben alle nur Teil-Wert, extrinsischen Wert, instrumentellen Wert. Der Holismus hat es immer so eilig, alles zu instrumentalisieren! Auch hier wieder das zerstörerische Mißverhältnis von Anspruch und Wirklichkeit, das einfach in der Natur des Flachlandismus liegt. Muß das nicht in den Öko-Faschismus führen?

Doch wie gesagt, ich verkenne nicht, daß die anfängliche Intuition in vielen Fällen wahr und gut ist: Alle Holone sind von gleichem Grund-Wert. Ich glaube, das ist die primäre Intuition hinter den noblen Versuchen, die Ethik von Anthropozentrik zu befreien. Aber wenn wir diese Intuition lediglich in Flachland-Holismus umsetzen, werden wir am Ende alles instrumentalisieren. Das alte Aufklärungs-Paradigma, wenn auch in neuem Gewand: Immer noch zerstört es zwanghaft und zwangsläufig das, was es zu retten vorgibt. Kein Zweifel, hier liegt die Lösung nicht. Hier liegt das Problem.

Weisheit, Liebe und die ‚Selbstverwirklichung' Gottes – globale Spiritualität

Die aufsteigende und die absteigende Bewegung

F.: Ihr neues Buch wird an diesem Punkt besonders fesselnd. Sie bringen die „Ignoranz", die uns allen zum Verhängnis werden kann, zu den höheren Stufen der Evolution in Beziehung, die man wohl am treffendsten als spirituell bezeichnen könnte.

KW.: Mir geht es darum, daß diese höheren Entwicklungsstufen – die schamanische Reise, das yogische Samadhi, die mystische Vereinigung mit dem Geist –, mit denen sich in der Vergangenheit nur kleine, isolierte Gruppen beschäftigen konnten, heute für wesentlich mehr Menschen erreichbar sind oder zumindest werden können. Es ist eine Art Demokratisierung.

F.: Der Beginn einer globaleren Spiritualität.

KW.: Zumindest die Möglichkeit, daß sich eine solche entwickeln könnte. Zur Zeit erleben wir auf der ganzen Welt ein Wiederaufleben stammeskultureller Tendenzen, also das genaue Gegenteil einer globalen Entwicklung. Holone, die sich aufbauen, können auch wieder zerfallen; das ist ihre Fähigkeit zur Selbstauflösung. Aber wir verlieren ein wenig den Faden.

F.: In Ihrem Buch kehren Sie dann zu den Wurzeln der westlichen Geistesgeschichte zurück und beginnen ihre Diskussion mit Plato und Plotin. Die meisten Öko-Philosophen führen den ,Welthaß', der im Westen so verbreitet ist, auf Plato zurück.

KW.: Ja, die meisten halten ihn für einen „weltentrückten" Philosophen, der die manifeste Welt, die Erde und alles, was sich darauf befindet, als einen fahlen Schatten oder als eine Kopie der ewigen Formen einer anderen realen Welt ansah, und das ist völlig unzutreffend. In Wirklichkeit beschreibt Plato zwei Bewegungen – das, was ich Aufstieg und Abstieg nenne –, und beide Bewegungen sind ihm gleich wichtig. Die aufsteigende Bewegung verläuft von der Vielzahl zum Einen. Sie verdeutlicht, daß sich hinter den dahintreibenden und schattenhaften Formen der Manifestation eine einzige Quelle befindet, ein einziges Wesen, das Absolute, und wir steigen zu einem Verständnis dieses absoluten Guten auf.

Die andere Bewegung ist für Plato allerdings ebenso wichtig, nämlich diejenige, durch welche das Eine sich in alle Formen der Schöpfung hineingibt, so daß die gesamte Schöpfung selbst eine vollkommene Manifestation des Geistes ist. Deshalb nannte Plato diese Welt, diese Erde ,einen sichtbaren, empfindenden Gott'.

F.: Der Aufstieg des Vielen zu dem Einen, der Abstieg des Einen in die Vielfalt –

36. Aufstieg oder Abstieg – Kampf oder Integration

KW.: Ja. Wir sehen schon bei Plato, aber insbesondere bei Plotin, ein Gleichgewicht dieser beiden Bewegungen, des Aufstiegs und des Abstiegs; Plotin hat dies reflux und efflux genannt. Die Vielheit entspringe dem Einen, und sie kehrt wieder in jenes Eine zurück. Die Vielheit steigt zum Einen auf, und das Eine steigt hinab und manifestiert sich als die Vielheit. Es besteht also ein perfektes Gleichgewicht und eine Integration zwischen den Strömen des Aufsteigens und des Absteigens, so daß die gesamte manifeste Welt ein vollkommener Ausdruck und eine Verkörperung des GEISTES ist, eine vollkommene Vereinigung von Jenseitigem und Diesseitigem, des Unendlichen und des Endlichen, des Einen in der Vielfalt und der Vielfalt im Einen, des Aufsteigens und des Absteigens.

Doch diese Einheit von Aufsteigen und Absteigen wurde im weiteren Verlauf der westlichen Geschichte auf brutale Weise unterbrochen, und die zum Jenseitigen tendierenden „Aufsteiger" befanden sich ebenso wie die zum Diesseitigen drängenden „Absteiger" in einem heftigen Konflikt, der oft äußerst gewalttätig wurde.

F.: Das war für mich der interessanteste Teil des Buches. Sie verfolgen den „Krieg" zwischen den Aufsteigern und den Absteigern.

KW.: Es ist schon bemerkenswert. Seit Augustinus und bis in unsere Zeit hinein befanden und befinden sich die Auf- und die Absteiger in einem oft brutalen Konflikt, und dadurch sind dem Westen zwei absolut nicht miteinander zu vereinbarende Gottesvorstellungen beschert worden.

Der Gott der Aufsteiger war durch und durch jenseitig – „Mein Reich ist nicht von dieser Welt." Er war puritanisch, gewöhnlich monastisch und asketisch orientiert, und für ihn war alles Körperliche und insbesondere alles Sexuelle die archetypische Sünde schlechthin. Man versuchte, der Vielfalt zu entfliehen, um das Eine zu finden. Dieses Gottesbild war völlig transzendental und immer pessimistisch, was die Möglichkeiten, in dieser Welt glücklich zu sein, anbetraf. Es gab der Ewigkeit den Vorzug vor allem Zeitlichen und verbarg voller Scham sein Gesicht vor den Schatten dieser Welt.

Der Gott der Absteiger hingegen empfahl genau das Gegenteil. Er war der Gott reiner Verkörperung, reiner Immanenz. Er war fasziniert von der Vielfalt und fand seine Seligkeit in der Verehrung dieser Vielfalt. Nicht die Einheit, sondern die Vielfalt zu mehren war das Ziel dieses Gottes. Er pries die Sinne, den Körper und die Sexualität. Er erfreute sich einer schöpfungszentrierten Spiritualität, die jeden Sonnen- und Mondaufgang als einen sichtbaren Segen des Göttlichen verstand.

F.: Sie bringen dies mit Weisheit und Mitgefühl in Verbindung.

KW.: Der Pfad des Aufsteigens ist der Pfad der Weisheit. Weisheit sieht, daß hinter der ganzen Vielfalt der Formen und Phänomene das Eine liegt, das Gute, die unbeschreibliche Leere, vor der alle Formen als illusionär und vergänglich erscheinen. Weisheit, das Streben nach dem Guten, durchdringt das Oberflächliche, um das ewige Gute zu finden, strahlend, leer und leuchtend. Weisheit ist die Rückkehr der Vielfalt zum Einen. Im Osten sagt man: Prajna sieht, daß alle Form Leere ist.

Der Pfad des Abstiegs andererseits ist der Pfad des Mitgefühls. Er sieht, daß das Eine sich als die Vielfalt manifestiert, und deshalb muß man allen Formen gleichermaßen mit Güte, Mitgefühl und Erbarmen entgegentreten. Das Eine manifestiert sich durch einen unendlichen Akt des Mitgefühls und der Nächstenliebe als Vielfalt. Im Osten sagt man: Karuna oder Mitgefühl sieht, daß Leere ganz und gar Form ist. Mitgefühl berührt alles, was ist, mit Anteilnahme und sanftem Staunen.

Um es noch einmal zusammenzufassen: Weisheit sieht die Vielfalt als das Eine, und Mitgefühl sieht, daß das Eine die Vielfalt ist. Oder, wie man es im Osten formulieren würde: Weisheit/Prajna sieht, daß Form Leere ist, und Mitgefühl/Karuna sieht, daß Leere Form ist.

Bei allen großen nicht-dualistischen Denksystemen, von Plotinus im Westen bis Nagarjuna im Osten, sehen wir ein Bemühen, diese beiden Bewegungen zu integrieren. Der aufsteigende oder transzendente Strom der Weisheit (Eros/Prajna) muß mit dem absteigenden oder immanenten Strom des Mitgefühls (Agape/Karuna) ins Gleichgewicht gebracht werden. Und die Vereinigung beider, die Einheit des Einen und der Vielfalt, von Leere und Form, ist Quelle, Ziel und Grund echter Spiritualität.

F.: Sie bringen dies auch mit Gott und Göttin in Verbindung.

KW.: Wenn wir diese Begriffe benutzen, so ist das männliche Gesicht des Geistes überwiegend Eros, der aufsteigende und transzendentale Strom des Kosmos. Und das weibliche Gesicht – die Göttin – ist vorwiegend Agape oder Mitgefühl, der absteigende, immanente und sich manifestierende Strom des Kosmos, die Verkörperung und Umarmung, die alle Wesen mit vollkommener und gleicher Anmut berührt. So wie Eros nach dem Guten des Einen strebt, umarmt Agape die Vielheit mit Güte und Fürsorge.

F.: Und das bringen Sie mit Tantra in Verbindung.

KW.: Ja. Tantra im allgemeinen Sinne repräsentiert die höchste nicht-duale Wirklichkeit als die sexuelle Umarmung von Gott und Göttin. Weder Aufstieg noch Abstieg ist das Endgültige oder in irgendeiner Weise privilegiert. Vielmehr erzeugen sie einander wie das uranfängliche Paar Yin und Yang. Sie sind voneinander abhängig, können nicht ohne einander existieren und finden ihr eigenes wahres Sein, indem sie in das jeweils andere hinein sterben, um dann als der gesamte Kosmos zu erwachen und festzustellen, daß die Ewigkeit in die Produktionen der Zeit verliebt ist, und die ganze Schöpfung segnet und diese Umarmung heraussingt, Augenblick um Augenblick, endlos, auf wunderbare Weise. Diese Einheit von reflux und efflux, Gott und Göttin, Leere und Form, Weisheit und Mitgefühl, Eros und Agape, Aufstieg und Abstieg ist nicht-duale Sicht.

F.: Eine Sichtweise, die im Westen verlorengegangen ist.

KW.: Ganz so einfach ist es nicht. Im Osten wie im Westen gab es seit der großen Achsenzeit einen beständigen Kampf zwischen den Aufsteigern und den Absteigern, wobei die nicht-dualen Traditionen oft unter der Geringschätzung beider Seiten gelitten haben.

Im Jahrtausend zwischen Augustinus und Kopernikus können wir im Westen fast ausschließlich die aufsteigende Tendenz beobachten. Da in jener Zeitspanne eine agrarische Struktur herrschte, wurde die Spiritualität von männlichen Tendenzen bestimmt und konzentrierte sich daher stärker auf Eros als auf Agape, stärker auf den Aufstieg als auf den Abstieg sowie auf das Eine, wohingegen die Vielfalt ausgeschlossen oder gar gehaßt wurde.

Deshalb war man in jener Zeit der Ansicht, wahre Erlösung und Befreiung könne nicht in diesem Körper, auf dieser Erde und in diesem Leben gefunden werden. Diese Haltung ist jenseitig bis in ihren innersten Kern hinein. Fleisch ist Sünde, Sex ist Sünde, Erde ist Sünde, Körper ist Sünde, ganz gleich, wie sehr die Schöpfung gepriesen werden mochte. Und die Wurzel aller Sünde war natürlich Eva schlechthin – Frau, Körper, Fleischlichkeit, Natur: All dies wurde zutiefst tabuisiert. Für die reinen Aufsteiger ist der Abstieg der Teufel.

37. Die Vorherrschaft der Absteiger in der Moderne

Doch mit Anbruch der Moderne können wir einen ebenso extremen Ausschlag des Pendels in die entgegengesetzte Richtung beobachten: Die Aufsteiger waren plötzlich „abserviert“, und die Absteiger waren plötzlich „in“. Und für reine Absteiger ist der Aufstieg der Teufel.

F.: Sie nennen dieses Kapitel „Die Vorherrschaft der Absteiger“, und diese Tendenz kennzeichnet den gesamten Zustand der Moderne und der Postmoderne.

KW.: Ja. Erlösung – ob angeboten von der Wissenschaft, von

der Erdreligion, vom Marxismus, Konsum, von der Sexualität oder von was auch immer – Erlösung ist nach diesen Anschauungen nur auf dieser Erde möglich. Es gibt keine höhere Wahrheit. Alles „Höhere" oder „Transzendente" ist jetzt der Teufel, der große Feind, der Zerstörer des erdgebundenen, sinnlichen Paares von Gott und Göttin. Ob man es nun Gott oder Göttin oder Natur oder Geist nennen mag, all dies waren nun ganz und gar dem Abstieg zugeordnete Vorstellungen, und die gesamte Moderne und Postmoderne bewegt sich völlig innerhalb dieser abstiegsorientierten Vorstellungen.

F.: Es ist also keine Integration von Aufstieg und Abstieg ... Nun behaupten die Öko-Philosophen, daß dieser rein immanente, absteigende Geist oder die Erdgöttin – daß diese schöpfungszentrierte Spiritualität allein in der Lage sei, die ökologische Krise abzuwenden.

KW.: Genau das Gegenteil ist der Fall. Die ausschließlich abstiegsorientierte Weltsicht trägt am stärksten zur ökologischen Krise bei.

Das Problem muß im Westen bis zum Beginn der Moderne, der Aufklärung und der romantischen Rebellion zurückverfolgt werden. Was die rationale Aufklärung und die naturschwärmerische Romantik gemeinsam hatten, war die ausschließlich abstiegsorientierte Weltsicht. Es ging nicht mehr darum, Aufstieg und Abstieg zu integrieren, sondern ausschließlich darum, den Aufstieg vollständig über Bord zu werfen. Bei aller Verschiedenheit waren sich die rationale Aufklärung und die naturschwärmerische Romantik einig in ihrer Verherrlichung des Flachlandes, einer völlig abstiegsorientierten, immanenten, flachen Welt.

Die idealistische Bewegung – speziell Schelling – hat versucht, den aufsteigenden und den absteigenden Strom zu integrieren, insofern sie Natur und Verstand (mind) im *GEIST* (spirit) aufgehoben und integriert sahen. Doch unter dem Ansturm der Industrialisierung brach die aufstiegsorientierte Weltsicht vollständig in sich zusammen. Und die Macht der Industrialisierung in Verbindung mit der rein abstiegsorientierten Weltsicht hat letztendlich die heutige ökologische Krise herbeigeführt.

F.: Aber warum war das ebenso einseitige Ideal des Agrarzeitalters nicht die große Ursache der Öko-Krise? Da es diese Welt ‚haßte', könnte man doch meinen, daß es ebenso sehr zur Plünderung von Gaia beigetragen haben muß wie alle anderen Faktoren.

KW: Das ist auch tatsächlich so, nur daß die Mittel der Agrargesellschaften nie Schaden globalen Ausmaßes hätten anrichten können. Man muß sich immer wieder vor Augen führen, daß die primäre Ursache der ökologischen Verwüstung Ignoranz ist, nicht irgendeine Ideologie. Und die Ignoranz des Agrarzeitalters war ebenso wie die Ignoranz der Stammeskulturen in ihren Mitteln sehr beschränkt. Doch mit Beginn des Industriezeitalters wurden Mittel verfügbar, die globale Zerstörung erst möglich machten.

Das Entscheidende ist, daß sich die Industrialisierung in der Atmosphäre einer abstiegsorientierten Welt entwickelte. Da die Erlösung gemäß dieser Sichtweise nur in dieser kleinen Welt möglich war, wurde die Industriealisierung zu einer Freisetzung des Konsumententums. Die transzendenten, spirituellen Impulse von Männern und Frauen degenerierten zu einem unendlichen Habenwollen. So wurde die Industrie zum Lieferanten dieser rein abstiegsorientierten Gottesverpsrechen.

F.: Doch die romantische Rebellion, deren direkte Nachkommen die Öko-Philosophen unserer Zeit sind, hatte mit all dem nichts zu tun. Sie rebellierte gegen die Industrialisierung, ihr Schlachtruf war: „Zurück zur Natur!"

KW: Trotzdem traten sie für die gleiche, ausschließlich abstiegsorientierte Welt ein, die immer noch durch und durch nichts anderes als Flachland war. Der Unterschied ist: Wo die Aufklärung sich der flachen, abstiegsorientierten Welt mit rationaler Berechnung näherte, versuchen die Romantiker, sich ihr durch Gefühl, Empfindung und Emotion zu nähern. Für sie ist die Erlösung das Einswerden mit der Natur. Die arme, begrenzte Natur wurde zu ihrem Gott und ihrer Göttin, eine unendlich schwere Last, die die arme, endliche Gaia nicht zu tragen vermochte.

F.: In beiden Fällen also eine Verherrlichung der abstiegsorientierten Flachland-Welt.

KW.: Ja. Die Absteiger zerstören diese Welt, weil sie die einzige ist, die sie haben. Damit kollabiert der Kosmos zu einer einzigen flachen, fahlen und ausschließlich abstiegsorientierten Welt ohne jede transzendentale Komponente. Natürlich gibt es hin und wieder Rebellionen gegen diese tote und alles verflachende Strömung, doch diese wurden immer auf die eine oder andere Weise als „ungesetzlich" abgestempelt, oder sie brachen unter verrückten Poeten oder ebensolchen Malern aus, deren Verrücktheit der Selbstausdruck eines geknechteten und verkrüppelten Ichs war, gefangen in einer in ihrer Eindimensionalität dahinsiechenden Moderne.

F.: Aber Sie sagen auch, daß die Moderne nicht nur Schlechtes mit sich gebracht hat. Einen Abschnitt ihres Buches haben Sie sogar ausdrücklich „Good news, bad news" genannt.

KW.: Die Moderne hat die Demokratisierung enorm gefördert, was den Befreiungsbewegungen (denjenigen der Frauen, der Sklaven und der Unberührbaren) sehr zugute gekommen ist. Sie hat auch die Entstehung einer auf rationalen Grundlagen beruhenden Jurisdiktion gefördert. Außerdem haben sich in dieser Epoche die Anfänge des systemischen Denkens und der Öko-Wissenschaft entwickelt, um nur einige zu nennen. All dies waren zweifellos ‚gute Nachrichten'.

Die schlechte Nachricht war, daß all dies in einer rein absteigsorientierten Weltsicht verankert war, die die Menschen von ihrem eigenen transzendenten Grund und von ihrer Quelle abschnitt. Die aufsteigenden Strömungen wurden in praktisch jedem Bereich tabuisiert und zu Elementen der alten mythologischen Religionen erklärt, die für die stolze und eigenständige Moderne nicht von geringster Bedeutung sei. Der Mensch wurde zum Maß aller Dinge.

F.: Doch das offizielle Leugnen, oder die Leugnung der aufsteigenden Strömung von seiten der Moderne, ist eine Ironie, da die Evolution selbst ein aufsteigender Prozeß ist. Sie weisen darauf hin, daß die Evolution von Eros angetrieben wird.

KW.: Der Drang zur Selbst-Transzendenz ist in jeder Struktur des Universums enthalten. Die Wissenschaft kann diese immer präsente Selbst-Transzendenz nicht erklären. Daß sie da ist, darüber sind sich alle einig, doch wie, das weiß niemand. Ist es insofern wirklich ein so großer Sprung, sie als Eros zu verstehen, als Geist-in-Aktion? Wir haben dann statt der angeblich „wissenschaftlichen" Erklärung eine wirklich spirituelle: Evolution ist Gott-im-Entstehen. Und damit wird der gesamte Kosmos zu einer kohärenten Manifestation des Geistes.

Dies ist die einfachste Art, den gesamten Evolutionsprozeß zu sehen. Der gesamte Prozeß selbst ist Geist-in-Aktion, wie bereits Schelling, Hegel und Aurobindo wußten. Und durch Einbeziehung des gesamten Prozesses können wir uns an jeder endlichen Entfaltung erfreuen, und nicht nur einzelne Epochen bevorzugen.

F.: Und doch wurde diese ganze aufsteigende Strömung sowohl von der Aufklärung als auch von der Romantik verleugnet.

38. Ego und Öko in der Flachlandwelt und die Rettung von Gaia

KW.: Ja, leider. Die beiden Seiten der modernen Flachland-Weltsicht, Ego und Öko, sind die beiden Seiten ein und derselben flachen und fahlen Münze. Ego möchte das Flachland beherrschen, Öko möchte eins mit ihm werden.

F.: Darum sind also Ego wie Öko im rein abstiegsorientierten Flachland gefangen. Und es geht doch darum, die aufsteigende und die absteigende Strömung zu integrieren und ins Gleichgewicht zu bringen und so einen Menschen von der inhärenten Gewalt zu befreien, die in beiden steckt.

KW.: Ja, ganz genau. Dies ist eine zutiefst ökologische Sicht der Dinge, aber sie ist nicht nur ökologisch. Sie transzendiert Gaia und bezieht sie ein, und sie tut nicht nur das eine oder das andere.

F.: Dann verleugnen Sie also nicht die abstiegsorientierte Welt?

KW.: Absolut nicht. Es geht nicht darum, daß die abstiegsorientierte Weltsicht falsch wäre. Sie ist nur sehr einseitig, sie betont nur die Immanenz und weist jede Form von Transzendenz zurück. Auf ihre Weise ist sie ebenso partiell und einseitig und deformiert wie die lediglich aufstiegsorientierte Weltsicht. Und, genau wie Sie sagten, steckt in beiden Tendenzen eine schreckliche Gewalttätigkeit, einfach deshalb, weil Sie jedesmal, wenn Sie nur die Hälfte der Realität haben und so tun, als sei sie das Ganze, der anderen Hälfte Gewalt antun müssen, und gewöhnlich geschieht das im Namen des Mitgefühls.

Natürlich steht völlig außer Frage, daß Umweltbewußtsein und entsprechendes Handeln immer wichtiger werden. Aber Gaias Probleme sind letztlich nicht Industrie, Überbevölkerung oder die Zerstörung der schützenden Ozonschicht. Das allem übergeordnete Problem ist, wie wir zu einem allgemeinen Verständnis und zu allgemeiner Übereinstimmung über die bestmögliche Vorgehensweise gelangen können. Dieses allgemeine Einvernehmen hängt völlig von Individuen ab, die ihre ichzentrierten Tendenzen zu transzendieren und sich zu einem globaleren Bewußtsein zu erheben vermögen. Und das ist nur durch einen Prozeß innerer Evolution und Transzendenz möglich.

Daß wir Gaia als eine Manifestation des Geistes lieben sollten, steht völlig außer Frage. Doch die Art, wie wir zu jener Liebe gelangen, ist ein transzendentaler Wachstums- und Entwicklungsprozeß. Damit sind wir beim Pfad des Aufstiegs, der unsere Unterschiede in einer allgemeinen Quelle transzendiert, welche vor aller Manifestation liegt.

Die reinen Aufsteiger ebenso wie die reinen Absteiger versuchen, die andere Seite zu bekehren oder zu überreden, indem sie über ihre Krankheiten berichten und ihre Wunden zur Schau stellen. Sie zerreißen den Kosmos damit entsprechend den von ihnen bevorzugten Fragmenten. Harmonie ist jedoch nur in der Einheit von Aufstieg und Abstieg zu finden, nicht in einem brutalen Krieg zwischen beiden. Nur wenn beide miteinander vereint werden, können beide gerettet werden. Und wer nicht zu dieser Einheit beiträgt, fördert die Zerstörung von beiden.

Es geht darum, den Strom des Abstiegs und den des Aufstiegs ins Gleichgewicht zu bringen und gemeinsam einen Geist zu finden, der diese Welt sowohl transzendiert als auch einbezieht, einen Geist, der dieser Welt auf ewig vorangeht und der sie und alle Wesen dennoch mit unendlicher Liebe und mit unendlichem Mitgefühl umarmt.

39. Der *GEIST* und sein Wirken in der deutschen Philosophie des 19. Jahrhunderts

> ... Ich bin so froh, daß ich Schellings zweite Stunde gehört habe, unbeschreiblich. So habe ich denn doch lange genug geseufzt und haben die Gedanken in mir geseufzt; als er das Wort *Wirklichkeit* vom Verhältnis der Philosophie zur Wirklichkeit aussprach, da hüpfte die Frucht des Gedankens in mir vor Freude ... Ich erinnere mich fast jedes Wortes, das er von diesem Augenblick an sagte. Hier vielleicht kann Klarheit kommen. Dies eine Wort, das erinnert mich an alle meine philosophischen Leiden und Qualen ... Nun habe ich meine ganze Hoffnung auf Schelling gesetzt ...
>
> *Sören Kierkegaard, Berlin, 22. 11. 1841*

Friedrich Wilhelm Joseph von Schelling (1775–1854) wurde schon mit fünfzehn Jahren zum Studium am Tübinger Stift zugelassen, wo er sich mit Hölderlin und Hegel anfreundete (die beide einige Jahre älter waren). Durch den Einfluß Goethes wurde er 1798 als Professor nach Jena berufen, und zwei Jahre später konnte er erreichen, daß auch Hegel dorthin berufen wurde. Er wirkte später noch in Würzburg, Erlangen, München und schließlich Berlin, wo Kierkegaard eine Weile unter seinen Hörern war.

Schelling wird leider meist als eine Gestalt des Übergangs von Fichte zu Hegel oder von der kritischen Philosophie Kants zum absoluten Idealismus angesehen. Das ist meines Erachtens grundfalsch, denn letzten Endes, scheint mir, war er sogar einflußreicher als Hegel; Heidegger jedenfalls fand, Schelling sei der tiefgründigste der Idealisten gewesen. Hegels System war so fest gefügt, daß es, als schließlich Risse sichtbar wurden, gänzlich in sich zusammenstürzte. Bei Schelling dagegen hat man eher den Eindruck, daß er etliche kleine Zeitbomben legte, die immer noch nach und nach hochgehen.

Schellings Wirken, könnte man sagen, setzt an bei seiner Wendung gegen den Aufklärungsgedanken, Rationalität sei der Gipfel des dem Menschen möglichen Aufstiegs. Wenn es der Aufklärung auch gelungen war, Noosphäre und Biosphäre zu differenzieren, so zeigte sie daneben doch einen Hang, den transzendentalen, einigenden Grund beider zu vergessen, und das führte zur (pathologischen) Dissoziation von Geist und Natur. Die Natur war dann nur noch Reflexionsgegenstand, prinzipiell getrennt vom reflektierenden Ich, das dadurch auch sich selbst zum Objekt wurde. Solche zum Selbstzweck gewordene Reflexion bezeichnete Schelling als „Geisteskrankheit".

Zugleich erkannte er jedoch, daß die Dissoziation „nicht durch eine Rückkehr zur Unmittelbarkeit des Fühlens, gleichsam zur Kindheit der Menschheit zu beheben war". Es gab kein Zurück zur Öko-Natur.

Schelling sagte vielmehr, daß wir nach vorn und über die Vernunft hinaus weitergehen müssen, um dann zu sehen, daß Geist und Natur einfach verschiedene Bewegungen des einen absoluten *GEISTES* sind, der sich gemäß seiner eigenen Stufenfolge von Ausfaltungen und Einfaltungen manifestiert. Der *GEIST* ist, wie Hegel bald sagen würde, nicht das Eine abseits des Vielen, sondern das Eine im *Prozeß* des Sich-Entfaltens in den Vielen und durch die Vielen; er ist ein unendliches Wirken, das sich im endlichen Prozeß der Entwicklung oder Evolution zum Ausdruck bringt.

Das Absolute ist Alpha *und* Omega der Entwicklung, weshalb Schelling Gott als das Erste und Letzte setzte, als den unentwickelten *Deus implicitus* und den voll entwickelten *Deus explicitus;* er ist für ihn sowohl Ursprung als auch Gipfel und während des gesamten Entwicklungsprozesses als Telos (Eros) präsent, als die selbstorganisierende und selbsttranszendierende Triebfeder des Gesamtprozesses. Solche Überlegungen, schreibt Schelling, „führen auf die Idee eines *organisierenden,* die Welt zum System bildenden Prinzips."

Was auch immer wir sonst noch sagen mögen, die Welt *hat* Zusammenhang, die Evolution *hat* eine Richtung: Eros als der *GEISTist* in seinem Wirken. Deshalb sagt sowohl Schelling als auch Hegel, daß Evolution nicht einfach der Drang *in Richtung Geist* ist, sondern das Hindrängen des *GEISTES* zum *Geist,* das zum Ausdruck kommt als eine Abfolge immer umfassenderer Integrationen und Ganzheiten (Holonen) – Schritte des *GEISTES* zur Verwirklichung seiner selbst. Eros ist in jedem Stadium des Prozesses als der Prozeß selbst gegenwärtig. Das Sein ist, wie Fichte gesagt hatte, *ein* endlos sich selbst entwickelndes Leben, das im niemals endenden Strom der Zeit stets zu höherer Selbstverwirklichung fortschreitet. Und für Hegel ist das Absolute der Prozeß seines eigenen Werdens, und konkret oder wirklich wird es nur durch seine Entwicklung.

In seinen *Vorlesungen über die Philosophie der Geschichte* erklärte Hegel: „Daß die Weltgeschichte *dieser Entwicklungsgang* und das wirkliche Werden des Geistes ist, unter dem wechselndem Schauspiele ihrer Geschichten – dies ist die wahrhafte *Theodizee,* die Rechtfertigung Gottes in der Geschichte. Nur *die* Einsicht kann den Geist mit der Weltgeschichte und der Wirklichkeit versöhnen, daß das, was geschehen ist und alle Tage geschieht, nicht nur nicht ohne Gott, sondern wesentlich das Werk seiner selbst ist."

Jedes Stadium der Entwicklung oder Evolution ist demnach ein Sich-selbst-Erkennen des *GEISTES* durch die Strukturen (und Beschränkungen) dieser Stufe. Jede Stufe ist eine These (Fichte, Hegel), die schließlich auf ihre eigene Begrenzung (Fichte: Antithese; Hegel: Widersprüche; Schelling: hemmende Kräfte) stößt; dadurch wird eine Selbsttranszendenz zu einer neuen Synthese (Fichte, Hegel, Schelling: organische Einheit) ausgelöst, die das Vorausgehende aufhebt, das heißt negiert und bewahrt (Schelling, Hegel). Diese Dialektik ist Eros, der *GEIST* in seinem Wirken, sein Drang, sich immer weiter zu entfalten und daher immer weiter zu einigen.

Der *GEIST* trachtet sich zuerst durch Empfindung, dann durch Wahrnehmung, dann durch Impuls selbst zu erkennen. An diesem Punkt ist er seiner selbst noch nicht bewußt. Der Gedanke des Unbewußten spielt in Fichtes und Schellings Denken eine große Rolle, und zwar ganz ähnlich wie bei Plotin: Die höheren Stufen sind in den niedrigeren impliziert; sie bilden deren unbewußtes Potential, und während sie sich entfalten, umfangen sie auch.

Deshalb ist das Ganze der *Natur* für Schelling „schlummernder *GEIST*". Sie ist nicht bloß Folie oder Material des GEISTES, sondern ein selbstorganisierendes dynamisches System und als solches die objektive Manifestation des *Geistes* oder, wie Coplestone sagt, „ein einheitlicher, sich selbst entwickelnder Superorganismus" – Platons „sichtbarer Gott", jetzt aber im Strom der Evolution schwimmend.

Die *Natur* ist also ganz entschieden keine statische oder deterministische Maschine, sondern werdender Gott. Alle Lebensprozesse sind Manifestationen des göttlichen Lebens, wie es sich in Raum und Zeit entfaltet. Aber das ist eben noch ein „schlummernder *GEIST*", weil der *GEIST* noch nicht seiner selbst bewußt geworden ist und der Kósmos noch nicht begonnen hat, bewußt sich selbst zu reflektieren.

Mit dem Emergieren des Geistes wird der *GEIST* seiner selbst bewußt. Er möchte sich durch Symbole und Begriffe und die Vernunft selbst erkennen, und damit beginnt das Universum, über sich selbst nachzudenken. Dadurch entsteht die Welt der Vernunft und insbesondere die Welt der bewußten Moralität. Die *Natur*, sagt Schelling, war objektiver *GEIST*, der Geist ist subjektiver *Geist*.

Er erkennt auch, daß dies der Punkt ist, an dem Geist und *Natur* auseinandertreiben können und schließlich so wenig miteinander zu tun haben, daß sie einander verständnislos über den tiefen Graben des Subjekt-Objekt-Dualismus hinweg anstarren: das Ego und das Öko.

Diese beiden „scheinbaren Absolutheiten" wie er sie nennt, werden in der dritten großen Bewegung des *GEISTES* synthetisiert; das ist ein Transzendieren sowohl der *Natur* als auch des Geistes und daher eine äußerste Synthese oder Vereinigung „worin diese beiden Absolutheiten [absolute

Objektivität und absolute Subjektivität] wieder Eine Absolutheit sind". Das ist auch die Identität von Subjekt und Objekt im zeitlosen Akt der Selbsterkenntnis, worin der *GEIST* sich selbst unmittelbar als *GEIST* erkennt, eine mystische oder kontemplative Intuition, die, wie Schelling sagt, nicht durch Formen vermittelt ist, seien es die Gefühle der objektiven *Natur* oder die Gedanken des subjektiven Geistes.

Hier bekundet sich zweifellos ein tiefer Einblick in den formlosen und nichtdualen grundlosen Grund, und so spricht Schelling auch häufig vom „Indifferenten" (das heißt Ununterschiedenen) und vom „Abgrund" – ganz im Sinne von Meister Eckehart und Jakob Böhme (und Dionysios). „Im äußersten dunklen Abgrund des göttlichen Seins, im Urgrund", sagt Coplestone, „gibt es keine Differenzierungen, nur reine Identität." Was aber das Einsetzen jenes Prozesses angeht, den wir hier Evolution oder Efflux nennen, so kommt Schelling zu dem Schluß, „daß eine Trennung, eine Differenz gesetzt werden muß, wenn wir nämlich vom Wesen zur Existenz kommen wollen".

Für Schelling wie für Hegel geht der *GEIST* aus sich selbst heraus, um die *Natur* hervorzubringen; er erwacht im subjektiven Geist zu sich selbst und holt sich dann selbst wieder ein in reiner nichtdualer Wahrnehmung: Subjekt und Objekt, *Natur* und Geist werden als *ein* reiner Akt nichtdualer Bewußtheit im verwirklichten *Geist* vereinigt. Der *GEIST* erkennt sich *objektiv* als *Natur*, *subjektiv* als GEIST und *absolut* als Geist – als Ursprung und Gipfel und als die Triebkraft (Eros) des gesamten Prozesses. (Wir können hier auch vom Unbewußten, vom Selbstbewußten und vom Überbewußten oder vom Präpersonalen, Personalen und Transpersonalen sprechen – von den drei großen Bereichen, die uns in diesem Buch immer wieder begegnet sind.)

Die gesamte Evolutionsabfolge ist demnach durch und durch holonisch. Jede Stufe (des Aufstiegs) baut auf früheren auf und schließt sie ein; das Letzte ist Resultat des Früheren, wie Hegel sagt: Nichts geht verloren, alle Prinzipien werden bewahrt. Verloren geht lediglich die Beschränktheit des Früheren, sein Anspruch, das Ganze zu sein. Etwas wird negiert, etwas wird „aufbewahrt" – das ist es, was Hegel als „Aufhebung" definierte.

Schelling ist nicht weniger präzise, wenn er Entwicklung oder Evolution als Emergieren von Holonen in emergierenden Holonen darstellt. In Coplestones Worten: „Das Niedrigere ist die notwendige Grundlage des Höheren, und letzteres subsumiert ersteres. Aber es bildet sich dabei auch etwas Neues, und diese neue Ebene erklärt die Ebene, von der es ausging und auf der es beruht."

Eine wahrhaft staunenswerte Einsicht, die Integration von Ego und Öko: Der *GEIST* steigt ab bis zur untersten Ebene und dann wieder auf zu sich selbst, wobei er jedoch auf jeder Stufe ganz und gar präsent ist als der Prozeß seiner eigenen Erkenntnis und Verwirklichung, seiner selbstausfaltenden und selbsteinfaltenden Entwicklung, ein göttliches Beispiel des in jeder noch so kleinen Bewegung des Kosmos gegenwärtigen *GEIST*, der im Verlauf seines eigenen Spiels immer mehr von sich auffindet.

Novalis schreibt in einem Brief an Friedrich Schlegel: „Ich weiß nicht, ob ich Dir schon von meinem lieben Plotin schrieb. Aus Tiedemann lernte ich diesen für mich geborenen Philosophen kennen – und erschrak beinahe über seine Ähnlichkeit mit Fichte und Kant. Er ist mehr nach meinem Herzen als beide."

Er war gewiß nach Schellings Herz, und Schellings Einfluß war enorm – nicht nur als Ansatzpunkt des Hegelschen Systems. Schelling war mit Hölderlin, Goethe, Schiller und den beiden Schlegel befreundet. Ganz direkt von ihm beeinflußt ist Schleiermacher, der den Religionsbegriff revolutionierte, indem er sagte, echte Spiritualität gehe auf unmittelbare Erfahrung, nicht auf Überzeugungen zurück. Mit seinem Gedanken der organischen Einheit und mit der Auffassung, daß Wahrnehmung kein Widerspiegeln, sondern ein „Realwerden" ist, nahm er manches aus der Gestaltpsychologie (und der autopoietischen Kognitionstheorie) vorweg. Mit seiner Anschauung vom grenzenlosen Wirken (Eros) des *GEISTES* begründete er eine ganze Linie von Denkern des „Willens", von Schopenhauer bis zu Nietzsche und Bergson. Paul Tillich verfolgte diese von Schelling ausgehende Linie über Nietzsche und Bergson hinaus bis zu Heidegger, Sartre und Whitehead.

Mit seiner Theorie der Kunst und der ästhetischen Wahrnehmung – in großen Kunstwerken begegnet uns die Möglichkeit, die Dualität von Subjekt und Objekt zu überwinden – wurde er, zusammen mit Schiller, zum Vater praktisch aller ästhetischen Strömungen der Romantik. Ernst Cassirer bezeichnete Schelling als einen Wegbereiter seiner eigenen *Philosophie der symbolischen Formen* und großer Teile der analytischen Psychologie C. G. Jungs.

Schellings (von Plotin geprägter) Begriff des Unbewußten wurde von Carl Gustav Carus aufgegriffen, der in seinem 1846 erschienenen Buch *Psyche: zur Entwicklungsgeschichte der Seele* schrieb, der Schlüssel zum bewußten Geistesleben sei im Unbewußten zu finden. Auch bei Schopenhauer finden wir dieses Verständnis und einer seiner Schüler, Eduard von Hartmann, veröffentlichte 1869 ein sehr einflußreiches Buch mit dem Titel *Die Philosophie des Unbewußten* – die *Studien über Hysterie* von Freud und Breuer erschienen erst ein Vierteljahrhundert später.

Eng mit dem Gedanken des Unbewußten war bei Schelling der Begriff der *Entfremdung* verknüpft, der eine lange und vielgestaltige Geschichte haben sollte. Bei Schelling bedeutet er, daß der *Geist* sich in die Schöpfung „verliert" und Evolution oder Entwicklung die Überwindung dieser Entfremdung durch Rückkehr des *GEISTES* zu sich selbst bedeutet – durch die Wiederentdeckung des Nichtdualen in einem unmittelbaren Innewerden. Im Subjekt-Objekt-Dualismus befangen, ist der Mensch dem Ursprung wie dem Gipfel und daher auch dem All entfremdet, und nur durch Überwindung der Dualität und der existentiellen Entfremdung kann er wahrhaftes Glück finden. Unter seinen Hörern in Berlin war nicht nur Kierkegaard, sondern auch Jacob Burckhardt, Michail Bakunin und Friedrich Engels.

Die unmittelbare Auswirkung seiner „Entwicklungsphilosophie" bestand jedoch darin, daß der Evolutionsgedanke jetzt allenthalben „in der Luft lag" – über ein halbes Jahrhundert vor Darwin.

Kurz, wenn wir Plotin temporalisieren, kommen wir direkt zum Evolutionsgedanken. Und wie immer ist Lovejoy mit einer präzisen Darstellung der Situation zur Stelle: „Die generelle Vorstellung eines evolutionären Fortschreitens ging der Entdeckung der meisten wissenschaftlichen Beweise für diese Hypothese weit voraus. Schon vor der Mitte des achtzehnten Jahrhunderts war sie in vielgelesenen Schriften keine Besonderheit mehr. Eine der Wirkungen, die man dem Einfluß des biologischen Evolutionismus zuschreibt, war mithin schon vor dessen Etablierung und allgemeiner Verbreitung und ganz unabhängig von ihm eingetreten.

Als Darwin dann empirische Beweise für die Hypothese der biologischen Evolution beizubringen begann, konnte er damit allenfalls noch die letzten Mythengläubigen schokkieren, die an einer wörtlich genommenen Genesis festhielten; die freilich waren ohnehin bereits schockiert durch die Äußerungen Schellings und anderer.

Bis heute wird Darwins große und bleibende Leistung darin gesehen, daß er herausfand, *wie* die Evolution funktioniert (*daß* es sie geben muß, war bereits vorher hinlänglich bekannt), nämlich durch Abstammung und natürliche Auslese oder Selektion. In der heutigen Darstellung: Zufallsmutationen führen zu genetischen Abwandlungen; diese sind größtenteils nicht anpassungsfähig, aber einige wenige tragen zu größerer (oder anderer) Anpassungs- und Überlebensfähigkeit bei und werden daher durch Selektion begünstigt und im Gen-Pool weitergereicht. Diese Theorie, was auch immer sie sonst noch leistete oder nicht leistete, erlaubte eine völlig mechanische Betrachtung der Evolution, weshalb sich die Wissenschaft bisher noch nicht genötigt sah, so etwas wie Eros oder „sanfte Überredung" oder „Selbstverwirklichung durch Selbsttranszendenz" auch nur probeweise in den Blick zu fassen.

Heute jedoch sind sich die Wissenschaftler darin weitgehend einig, daß die natürliche Auslese zwar die „Mikroevolution" (die Varianz innerhalb eines gegebenen Spielraums) recht gut erklärt, nicht aber die Makroevolution (oder das Emergieren neuer Spielräume). Nehmen wir hinzu, daß der Urknall so ziemlich alle, die über ihn nachdenken, zu Idealisten gemacht hat, dann wundert uns kaum noch, daß die meisten Wissenschaftsphilosophen offen einräumen, es müsse wohl in den Abläufen der Evolution so etwas wie ein Selbsttranszendierungstrieb liegen, und das heißt ja: Eros (unsere Grundaussage, das Selbstorganisations- und Selbsttranszendierungsvermögen aller Holone).

Darwins bleibende Leistung besteht also nicht darin, daß er die Mechanismen der Makroevolution entdeckte, vielmehr hat seine Theorie über ein Jahrhundert lang die Tatsache verdunkelt, daß eine echte Evolutionstheorie auch so etwas wie Eros berücksichtigen muß. Deshalb könnte man etwas boshaft sagen, sein bleibender Beitrag bestehe eher in einer massiven Verschleierung. Aufgeräumt und selbstzufrieden machten sich die Wissenschaftler in der Folge daran, das Universum wirklich sauber zu machen; alles war erklärt, und für so etwas wie allumfangende Liebe hatte man hier keine Verwendung mehr: Sie waren sicher, einen weiteren Sieg für die Wahrheit errungen zu haben. (Edward R. Wallace, der neben Darwin als Entdecker des Artenwandels gilt, war *nicht* der Meinung, man könne die Selektion einfach an die Stelle des Eros setzen; für ihn war Evolution „die Art und Weise, in welcher der *GEIST* erschafft" – und Darwin schwankte Zeit seines Lebens zwischen den beiden Auffassungen.)

Die Welt schwankte nicht. Mit dem Zusammenbruch praktisch jeder Art von Idealismus richtete sich der Westen behaglich in der Abstiegs-Welt des naturalistischen Flachlands mit seinem so niedrigen ontologischen Schwerpunkt ein. Und hier schlugen das Mono-Ego und das Mono-Öko weiter aufeinander ein im Kampf um die Herrschaft über einen papiernen Kosmos.

Da sollte das Abendland auch bleiben – bis in die jüngste Vergangenheit.

40. Schau-Logik und Weltkultur

Damit zur Gegenwart und zum Ringen der neuen Integration um Verwirklichung in allen vier Quadranten.

Wir haben es nicht mehr mit Kulturepisoden zu tun, sondern mit einer Umschaltung von einer Kulturperiode zur anderen. Alle früheren Zeiten kannten nur begrenzte Ausschnitte der Erdoberfläche, sahen über eine engere in eine weitere Nachbarschaft und von da aus in ein großes Unbekanntes. Sie waren sozusagen alle insular, begrenzt.

Unser Schauen ist nicht mehr begrenzt durch einen Raum auf der Erdoberfläche. Es überblickt das Ganze unseres Planeten. Diese Tatsache des Fehlens eines Horizonts ist ein Neues.

Rationalität geht bei ihrer Suche nach einer wahrhaft universalen oder globalen (und natürlich zwangsfreien) Perspektive irgendwo in eine Art der Kognition über, die ich Schau-Logik oder Netzwerk-Logik nenne. Wenn die Rationalität alle nur möglichen Perspektiven eruiert und dargestellt hat, fügt die Schau-Logik sie zu einer Ganzheit zusammen, zu einem neuen und übergeordneten inneren Holon. Aurobindo bringt auf den Punkt, was unter Schau-Logik zu verstehen ist: Sie „kann sich ungehindert in einzelnen Ideen zum Ausdruck bringen, aber ihre charakteristische Wirkungsweise ist ein Vielfach-Erfassen, die Schau eines ganzen Systems oder einer Totalität von Wahrheiten – Idee mit Idee, Wahrheit mit Wahrheit verbunden".

Indem ich dieses Buch schreibe und Sie es lesen, gebrauchen wir die Schau-Logik: Wir versuchen nicht nur Vernunftgewißheit über einzelne Gegenstände zu gewinnen, sondern wollen sie uns alle zusammen vergegenwärtigen, um zu entscheiden, ob und wie sie sich als eine Vision der Wahrheit zusammenfügen. Schau-Logik ist demnach ein höheres Holon, das mit seinen untergeordneten Holons (etwa der einfachen Rationalität) operiert und sie darin transzendiert. So kann Schau-Logik auch Widersprüche umfangen, sie kann Gegensätzliches vereinigen, sie ist dialektisch und nichtlinear, und sie verknüpft scheinbar unvereinbare Dinge, solange sie nur in dem neuen und höheren Holon zueinander in Beziehung stehen, indem es ihre Partikularität negiert, das von ihnen eingebrachte Positive jedoch bewahrt.

Auf der Schau-Logik beruht auch die Möglichkeit einer wahrhaft globalen Kultur, oder besser die Möglichkeit, erstmals echte globale Organisationsformen zu finden.

Das Problem besteht nämlich, wie Habermas aufzeigt, in folgendem: „Der Koordinierungsbedarf auf übernationaler Ebene ist nicht leicht zu befriedigen, solange sich die Regierungen ausschließlich anhand nationaler Entscheidungen legitimieren." Der moderne Nationalstaat, aus der neu entstandenen Rationalität hervorgegangen, steht jetzt vor seinen eigenen inneren Widersprüchen und Grenzen, und nur durch Schau-Logik oder eine globale Transformation wird hier ein Ausweg zu finden sein.

41. Gebahnte Wege kann man gehen

Ich glaube, der große Auftrag und Drang der Postmoderne ist die in weltzentrischer Schau-Logik verankerte Integration von Körper und Geist zum Zentauren – und ich sehe überall Zeichen, daß es dazu jetzt wirklich kommt. Noch wichtiger ist aber, daß sich im Innern des Zentauren und über ihn hinausgehend noch etwas bildet, nämlich Ahnungen der Über-Seele als der Welt-Seele. Auch die Hinweise darauf, glaube ich, sind von einiger Überzeugungskraft.

Die wichtigsten Zutaten eines sinnvollen Vorgehens stehen längst bereit. Plotin und Nāgārjuna, Aurobindo und Schelling und so viele andere in West und Ost haben den Durchbruch zum Nichtdualen bereits geschafft.

Sollte es nicht möglich sein, dort anzuknüpfen, zu erkennen, daß der *GEIST* sich stets in allen vier Quadranten gleichermaßen manifestiert? Ist nicht der *GEIST* hier und jetzt in all seiner strahlenden Herrlichkeit ewig gegenwärtig als jedes Ich und jedes Wir und jedes Es?

Ein wenig verdreht ist die heutige Welt: Mythen fürs einfache Volk und Flachland-Naturalismus für die Intelligenzija. Welche Ironie also, daß ausgerechnet die Naturwissenschaft, dieser Ausbund von Abstiegsdenken, in den letzten Jahrzehnten des zweiten Jahrtausends die Selbstorganisations- und Selbsttranszendenz-Natur der Evolution wiederentdeckte. Welche Ironie auch, daß sie Eros zum einzigen und überall wirksamen Prinzip der Manifestation machte. Und welche Ironie schließlich, daß sie der Evolution über die Rationalität hinaus den Weg ebnen sollte, indem sie klar und deutlich aufzeigte, daß die Evolution nicht stehenbleibt und jedes Stadium in ein größeres, umfassenderes Morgen einmündet. Und wenn das Heute Rationalität ist, dann ist das Morgen Transrationalität, und nicht *ein* wissenschaftliches Argument der Welt steht dagegen, sondern alles dafür.

Da also stehen wir jetzt, im Raum der Rationalität und auf der Schwelle zu transrationaler Wahrnehmung, zu einer Scientia visionis, die Menschen aller Art überall und immer wieder mit wachsender Klarheit Ahnungen vom wahren Abstieg der allesdurchdringenden Welt-Seele zuträgt.

Laß nur die Welt ganz still sein. Laß den Himmel und die Erde und die Meere ruhen. Laß den Ich-Wahn sich in den leeren Grund seines eigenen Gewahrseins auflösen, und laß ihn dort still verlöschen. Sieh, wie der *Geist* machtvoll hereinströmt durch jede noch so winzige Pause im Getümmel und wie er der Sonne und der Erde und all ihren Bewohnern neuen Glanz verleiht. Sieh den Kósmos in der Leere tanzen, sieh das Spiel des Lichts in allen Kreaturen, sieh endlich

Welten durchflutet von einer Freude, die Zeit und Grauen nicht berühren, die den Wahn des liebeleeren Ich löst und es in Glanz versinken läßt.

Dann mag es singen mit der heiligen Katharina: „Mein Sein ist Gott, nicht bloße Teilhabe, sondern eine wirkliche Verwandlung meines Seins. Mein Ich ist Gott!" Oder mit Juliana von Norwich: „Sieh! Ich bin Gott! Sieh! Ich bin in allen Dingen! Sieh! Ich tue alle Dinge!" Und mit Hakuin Zenji: „Dort, wo du stehst, ist das Land der Reinheit, deine Person der Körper des Buddha."

Quellennachweis

Um die Quellenhinweise für den Leser möglichst klar und durchsichtig zu machen, wurden die einzelnen Texte dieser Anthologie durchnumeriert (1–41). Alle Beiträge sind mit Erlaubnis des Autors auf den wesentlichen Gedankengang gekürzt. Die Formulierungen Wilbers blieben dabei erhalten. Eine Ausnahme bilden die Abschnitte 12–16 über die Stufen der Menschheitsentwicklung. Sie stellen jeweils sehr große Teile von Halbzeit der Evolution dar, die bis auf die Originalzitate von der Herausgeberin formuliert wurden.

Das Spektrum des Bewußtseins
Ken Wilber: *Wege zum Selbst*, ©Kösel-Verlag, München 1984:
1) S. 12 ff. 2) S. 85 ff. 3) S. 11 ff. 4) S. 114 ff. 5) S. 119 ff. 6) S. 140 ff. 7) 163 ff. 8) 187 ff.

Die Evolution des Bewußtseins in der Geschichte der Menschheit
Ken Wilber: *Halbzeit der Evolution*, ©deutsche Rechte by Scherz-Verlag, Bern und München 1984:
9) 13 ff.; 10) 21 ff., 11) 27 ff. 12) 37 ff. 13) 57 ff., 14) 109 ff., 15) 211 ff., 16) Wilber behandelt die transpersonalen Stufen und die Moderne parallel in den unter 13–15 angeführten Kap.

Die individuelle Bewußtseinsentwicklung, ihre Störungen und deren Therapie
Wilber, Engler, Brown: *Psychologie der Befreiung*, ©deutsche Rechte by Scherz-Verlag, Bern und München 1988: 17) –19) S. 137 ff.
Das Buch ist z. Z. vergriffen, eine vollständige Darstellung mit Ausnahme der Therapie ist auch zu finden in Zundel/Fittkau: Spirituelle Wege und Transpersonale Psychotherapie, Junfermann, Paderborn 1989, S. 481 ff.

Ken Wilber: *Eros, Kosmos, Logos*, ©Ken Wilber. ©Deutsche Ausgabe: Wolfgang Krüger-Verlag, Frankfurt am Main 1996, 259 ff.: 20)

Das Transpersonale und die Naturwissenschaft
Ken Wilber: *Das Holographische Weltbild*, ©deutsche Rechte by Scherz-Verlag, Bern und München 1986, S. 7 ff.: 21)

Quantum Questions, Shambhala, Boulder, S. 198: 22)

R. Walsh, F. Vaughan Hrsg.: *Psychologie in der Wende*, rororo 8362, ©deutsche Rechte by Scherz-Verlag, Bern und München, S. 247 ff.: 23)

Die Kosmostrilogie
The Integration of Science and Religion, Shambhala 1997, Vorabdruck, Kapt. 5: 25)

Ken Wilber: *Eros, Kosmos, Logos*, ©Ken Wilber. ©Deutsche Ausgabe: Wolfgang Krüger-Verlag, Frankfurt am Main 1996: 24) S. 9; 28) S. 136 ff.; 29) S. 20; 35) S. 297 ff.; 40) 234 ff.; 41) 602 ff.
Ztschr. Transpersonale Psychologie und Psychotherapie 1, 1997, ViaNova, Petersberg,: 26)
Ztschr. Transpersonale Psychologie und Psychotherapie 2, 1995, ViaNova, Petersberg:
Interview: 27) S. 60 ff.; 30) S. 56 ff.; 31) S. 62 ff.; 32) S. 64 ff.; 33) S. 65 ff.; 34) S. 65 ff.
36) S. 69 ff.; 37) S. 72 ff.
38) und 39) unveröffentlicht